AF194318

Klaus Praschak

Heimkehr der Seele

Seelenerfahrungen
im irdischen Sein

Spiritualität der neuen Zeit
Ur ~ Wissen

Impressum

Heimkehr der Seele

Seelenerfahrung im irdischen Sein

ISBN 9 783752 891638

Cover – Design – Gestaltung und Texte

Copyrright by Klaus Praschak

Ausgabe 2018

Bibliografische Informationen der deutschen
Nationalbibliothek : Die Deutsche Nationalbibliothek
verzeichnet diese Publikation in der Deutschen
Nationalbibliografie; detaillierte bibliografische
Daten sind im Internet über dnb.dnb.de abrufbar.

Herstellung und Verlag

BoD - Books on Demand , Nodtrderstedt

Inhaltsverzeichnis

MIX
Papier aus verantwortungsvollen Quellen
Paper from responsible sources
FSC® C105338

Wir Menschen

gefangen in Raum und Zeit – im Bannkreis des Todes
suchen wir nach Liebe und Glück.
Wie ein dunkler Schleier liegt der Schmerz des Verlangens
auf unserer Seele.
So leben wir im Schatten unserer Tage, ohne das Licht zu
erkennen, welches die Sehnsucht in sich trägt.
Wenn du aber in deinem Leben, an einem Punkt
angelangt bist, an dem du erkennst, dass das ganze Leben
ein Spiel ist, in dem du nie etwas falsch gemacht hast und
nichts falsch machen wirst.
Wenn du erkannt hast, dass du alles tun kannst und nichts
dabei zu verlieren hast.
Wenn du gelernt hast, dass dein Verstand dich blockiert
und dein Herz dich sicher leitet
Wenn du zu deine Ursprünglichkeit zurückkehrst und
überzeugt bist, dass der Tod neues Leben bedeutet, und
wenn du im Zauber des Augenblicks die Wahrheit
erkennst – dann hebt sich der dunkle Schleier – und
plötzlich lebst du.

Einleitung

Die Erde befindet sich in einem Umwandlungsprozess –
auf dem Weg in ein höheres Bewusstsein. Ich denke,
dass wir Menschen, die Möglichkeit haben bei dieser
wunderbaren Erfahrung mitzugehen und
mitzugestalten. . Dieses höhere Bewusstsein benötigt
Energien von Liebe, Mitgefühl, Verzeihen, Mut und Kraft
und es ist nicht in Einklang zu bringen, mit Energien der
Gewalt und des Egoismus, mit Macht und Manipulation.
Es sollte sich jeder darüber im Klaren sein, dass die
Erde alles abwerfen wird, was nicht mit ihr im Einklang
steht und sie an ihren Aufstieg behindert. Die Krisen, die
wir derzeit im Außen erleben, sind Ausdruck all dessen,
was sich über viele Jahre an negativer Energie
angesammelt hat. Diese negative Energie, entstanden
aus, Gedanken, Worte, Einstellungen, Handlungen u.a.
und materialisiert sich nun in Form von Krisen und
Katastrophen. Wir Menschen erfahren nichts anderes,
als die Konsequenzen unseres Wirkens auf der Erde. Es
fällt alles auf uns, individuell und global zurück, was sich
über längeren Zeitraum angesammelt hat. Doch
diejenigen, die sich für diesen Weg entschieden haben,
werden stark genug sein, all das zu handhaben und eine
Chance darin sehen, das Alte mit Hilfe der göttlichen

Energien für immer aufzulösen.

Im Jahr 2023 wird der Transformationsprozess der Erde und der Menschen abgeschlossen sein. Danach folgt eine 10 – jährige Ruhephase, bevor Erde und Mensch ins goldene Zeitalter eintritt. Nicht jeder Mensch ist für den Transformationsprozess vorgesehen, weil viele junge unreife Seelen derzeit inkarniert sind um stimmte Erfahrungen in der Dreidimensionalität zu sammeln. Bitte macht euch keine Sorgen, wenn ein geliebter Mensch nicht erwachen will, denn die Wahrscheinlich ist groß, dass er nicht für die 5. Dimension vorgesehen ist. Jedoch gibt es noch einigen Menschen, die über die notwendige Seelenreife verfügen, aber immer noch in der Dichte feststecken. Dieses Buch wurde mit Unterstützung der geistigen Welt geschrieben, in dem mich immer wieder Impulse zu dem Titel „Heimkehr der Seele" erreichten. Ich hoffe das dich die Informationen bei deinen eigenen Aufstiegsprozess unterstützen und dir das Verstehen hinsichtlich der Alltagsproblematiken erleichtert. Manchmal begreifen wir nicht, was uns in der Dichte gefangen hält – oder warum uns plötzlich Impulse erreichen, unser Leben zu verändern. Zum Teil habe ich Ur – Wissen in eine neue, verständliche Sprache gesetzt, weil dieses Wissen niemals seine Gültigkeit verliert und für den Seelenweg sehr kostbar ist, hinsichtlich der Entwicklung des Menschen vom niedrigen Selbst zum wahren Selbst, dem Gottmenschen.

Dem Leben Raum geben

Viele Menschen identifizieren sich mit ihren Geschichten aus der Vergangenheit. Sie sind so geprägt von dem Erlebten, dass sie diese Kraft stärker einschätzen, als den Wunsch nach Befreiung und Wachstum. Sie reduzieren ihr Sein auf einen kleinen, sehr begrenzten Lebensraum, der ihnen scheinbare Sicherheiten bietet. Dieser überschaubare Lebensraum wird akzeptiert, wodurch Lebens – und Liebenswertes verloren geht. Die körpereigenen Schwingungen werden auf diese Weise reduziert und die astrale Schutzschicht, die unseren physischen Körper umgibt, wird geschwächt. Krankheiten werden eingeladen. Der Sinn unseres irdischen Seins ist das Leben und nicht das Überleben. Sind wir lediglich Überlebende, so trauen wir dem Leben nicht und werden zu Opfern des funktionsbezogenen Lebens. Wir funktionieren in unserem kleinen Erlebnisraum (Familie, Beruf, Freundeskreis) und freuen uns darüber, dass wir rechtschaffene Bürger sind, die erwarten das andere Menschen nach unseren Regeln leben.
Aus der Sicht der Seele, wirkt dieses (Über) Leben sehr

makaber, denn sie sagt : „Selbst wenn du achtzig Jahre alt wirst, hast du nicht lange gelebt, sondern du bist lange gestorben". „Wach mal auf mein Freund, denn das Leben und die Seele sind eine Liebesbeziehung, die sich entfalten will und wird". „ Gib dich dem wahren Leben und dem (Er) Leben hin und komm in Resonanz mit den Schwingungen deiner natürlichen Lebensenergie und so wirst du erkennen, dass deine scheinbaren schlechten Erfahrungen ein kostbarer Schatz sind, aber nur, wenn du dem Leben Raum gibst". „ Die Regeln des Lebens und der Seele schenken dir genau den Raum, den du zum Wachstum brauchst – doch die Regeln, Tabus und Moral von Menschen gemacht, fördern deinen Untergang".

Die Liebesbeziehung zwischen dem Leben und der Seele ist die Erlebnisreise zum höheren Selbst.
Auf dieser Reise wirst du dich befreien von alten Mustern, Grenzen und Anerzogenem. Es ist ein raumgebendes Leben, für ein Zuhause - Gefühl in sich selbst und im seelischen Wachstum.
Aber der unkontrollierte, unbewusste Verstand treibt und klagt, wertet, schätzt und urteilt zugleich.
Auf dem Weg hin zum bewussten Gedanken erwartet dich Vieles und dadurch auch das unerwartete Schöne – und das Schlechte, Ängste und Mut, Leid und Freude, das Süße und das Saure. Deine Gedankenwelt bestimmt dein Leben.

Doch sei dir gewiss, am Ende erwartet dich die Fülle in deinem Herzen, das Verstehen deines Selbst – als Körper und Geist. Durch das Vertrauen in dich selbst, erschaffst du dir eine neue Welt. Da wartet eine Seelenpersönlichkeit – und ein neues, unbekanntes Sein auf dich. Es ist deine Liebe zu allem was da ist – als reines Bewusstsein, als der Schöpfer, der du in Wahrheit selber bist.

Wir leben in einer Kultur, die niemals wirklich verbunden war, mit ihrer wahren, göttlichen Essenz.
Vor langen Zeit wurden wir getrennt, von der Kunst des Seins und irren heute umher, auf der Suche nach der Wahrheit. Schwimmen wir jedoch mit, im Strom der Gesellschaft, brauchen wir die Verbindung zur Seele nicht. Gar nicht selten, werden die Impulse der Seele, die sich immer wieder meldet, als störend empfunden. Sich selbst als Seele anzunehmen, bedeutet alle Gefühle zuzulassen, verletzlich zu sein und genau das sind die Aspekte, die in einer materiellen – erfolgsorientierten Gesellschaft keinen Platz haben. Die Kluft zwischen arm und reich – zwischen scheinbar stark und scheinbar schwach wird immer größer und wird zukünftig verheerende Folgen haben. Diejenigen, die sich für stark halten und nach gesellschaftlicher Anerkennung, Erfolg und materiellen Reichtum streben, können dies nur auf Kosten derer tun, die sie für schwach und arm halten und vor so einem Verhalten flieht die

5

Seele, weil sie sich nicht mit Lieblosigkeit und Trennung identifizieren kann. Die scheinbar schwachen und armen Menschen, werden oft vom Gefühl der Sehnsucht heimgesucht. Wird ihr Leid übermächtig, geben sie dem Gefühl der Sehnsucht nach und werden auf diese Weise ihrer spirituellen Anteile gewahr. Leider ist es bei vielen Menschen so, dass sie erst tief fallen müssen, um sich ihrer Seele gewahr zu werden, was die scheinbar Starken wiederum in ihrer Annahme bestätigt, dass Spiritualität, Glaube, Religion etc. nur etwas für die Schwachen sei, also der Grashalm, an dem man sich klammert. Allerdings sind sich diese Menschen nicht bewusst, dass sie einfach nur funktionieren und unberührt bleiben von den wahren Wundern des Lebens.

Meine ersten Schritte, auf dem spirituellen Weg, waren sehr erschreckend, denn ich erkannte, dass ich niemals das Licht gesehen hatte und abgesehen von einigen Lichtblicken, nur die Finsternis kannte. So war es für mich die wichtigste Arbeit, all die Aspekte der Finsternis, ins Licht des Bewusstseins zu holen. Das „Ja" zur eigenen Seele, zur Spiritualität, zur Offenheit und Liebe, waren der Schlüssel, der mich aus meinem Gefängnis befreite. Ich musste mir eingestehen, dass das Streben nach gesellschaftlichen Normen, mich erst in die Finsternis führte, doch mir wurde klar, dass all die Schwierigkeiten, die ich im Außen sah, lediglich ungelöste Konflikte in mir selbst waren. Es hat lange gedauert, bis ich erkannte, dass ich am wenigsten Körper und Verstand bin, sondern vielmehr ein geistiges, beseeltes Wesen, welches das Erdenleben erwählt hat, um sich selbst, in allen möglichen Facetten zu erfahren. Je liebevoller ich zu mir selbst und zu meinen Mitmenschen wurde, desto lichtvoller wurde mein Weg. Auf diesem Weg, wenn ich tief in meinem Herzen bin, spüre ich stets eine Kraft, die mich führt und begleitet.

Blicke ich heute, auf mein vergangene Leben zurück, auf mein begrenztes, rationelles, materiegläubiges Sein, so erkenne ich, das Spiritualität rein gar nichts mit Schwäche oder dem rettenden Grashalm zu tun hat, sondern vielmehr mit knallharter Disziplin und Gefühlsarbeit, die mich ein ums andere mal bedeutend tiefer hinabzog, als es das begrenzte verstandesorientierte Leben vermochte. Je mehr Beachtung ich meiner Seele schenkte und umso resonanzloser mein Denken wurde, je tiefer fiel ich in ein unbeschreibliches Gefühlschaos. Das Schöne an diesem Chaos der Gefühle war, das mich das tiefe Gefühl von Liebe durch die Finsternis begleitete, so dass ich immer das Vertrauen in mir trug, auf einem sicheren Weg zu sein. Nach einer Weile lichtete sich die Finsternis und ein ekstatisches, euphorisches Gefühl stellte sich ein, welches sich auch nach einer gewissen Zeit auflöste. Ich war mir sicher, meine verschüttete Seele, wurde zu neuem Leben erweckt. Ein guter Samenkorn wurde ins Bewusstsein gepflanzt, nun muss er gepflegt und genährt werden, um das etwas Gutes aus ihm wächst.

Wir sind hierhergekommen um das Leben zu verstehen. Wir sind hierhergekommen um das zu verbinden, was lange getrennt war.
Im Durchbrechen unserer alltäglichen Gewohnheiten erschließt sich uns unsere Herkunft.
Nichts, was dir in deinem Leben widerfährt ist unnütz, alles hat seinen Sinn und seine Berechtigung. Vieles jedoch ist Ablenkung...lerne zu unterscheiden. Denke nicht zu viel und zweifle nicht an dir, so nimmt das Göttliche, in dir, seinen Platz ein. Einfach sein, den Plan Gottes zu vertrauen ist das Wichtigste.
Die Zeit der Schwere lässt zunehmend nach, vertraue deinem Herz und nicht so sehr deinem Verstand.
Das Leben will fließen, was für uns bedeutet, es will gelebt sein. Unser Körper macht das Erleben von Leben möglich. Er unterliegt den Gesetzen von Polarität und Dualität und das müssen wir verstehen und akzeptieren. Stellen wir uns dem Leben entgegen erzeugen wir Reibung und das bedeutet Leid und Schmerz, lassen wir es fließen erleben wir Glück und Freude.
Unser physischer Körper ist das Instrument der Seele und

8

dient dazu Erfahrungen zu sammeln, die der Seele ausschließlich in der physischen Welt zugänglich sind. Manchmal spüren wir eine unerklärliche Sehnsucht in uns, nach Weite, nach Unendlichkeit. Dieses subtile Gefühl ist die Sehnsucht nach unserer Seelenfamilie, von der wir, durch unsere physische Existenz getrennt sind.

Wir sind eingebettet in den Zyklus des biologischen Lebens von Geburt, Sexualität und Tod, doch sind es diese Bedingungen, die der Seele ermöglichen körperliche Liebe und einen Mangel an Liebe zu erfahren. Ein andauernder Mangel an Liebe bedeutet für unser physisches Sein, Krankheit und Leid. Nun ist es schwer für uns zu verstehen, dass es Zustände sind, die die Seele erfahren will und muss, um dann zu erkennen, dass einfließende Liebe das Leid aufhebt und jede Krankheit heilt.

Wenn es uns gelingt, dass Leben nicht als linearen Zeitablauf, der sich zwischen Geburt und Tod abspielt, sondern als einen immer wieder kehrenden Zyklus von Werden und Vergehen, von Sein und Nichtsein des Körpers betrachten, dann richten wir unser Bewusstsein auf die Unendlichkeit und lernen Leid und Krankheit, als Erfahrungsschatz der Seele dankbar anzunehmen.

Für uns gilt es, dass wir unsere körperliche Anfälligkeit, Verletzbarkeit und Zerbrechlichkeit als Bedingung für das Menschsein und als Erfahrungen der Seele anzunehmen lernen. So wird uns die höchste Form eines erfüllten irdischen Daseins in Aussicht gestellt, wenn wir dazu bereit sind, alles was uns widerfährt, als Ergebnis eines größeren, wohldurchdachten Plans zu betrachten, auch dann, wenn wir die Zusammenhänge noch nicht erkennen.

Unsere Gedankenwelt gleicht oftmals einem aufschäumenden, wilden Ozean und diese Gedanken schaffen unsere Realität. So ist es unsere große Aufgabe diesen wilden Ozean in ein seichtes Gewässer zu verwandeln. Mich motivierte die Vorstellung, dass ich meinen Gedanken sagen kann, was sie zu tun und zu lassen haben, dass ich mich nicht mehr in ihnen verliere oder mich unbewusst treiben lasse. Sich die eigene Gedankenwelt bewusst wie ein Bilderbuch anzuschauen, ist ein erhebendes Gefühl, denn du spürst plötzlich, dass du Herr deine Sinne bist. Des weiteren wurde mir klar, dass der wilde Ozean meiner Gedanken, jene Instanz ist, die mir dem Zugang zum Herzen versperrt. Auf dem Weg ins Herz werden dir Gedanken begegnen, die dich erschrecken. Nimm auch sie in Liebe an, denn sie sind ein Teil von dir und wollen beachtet werden. Gedanken und deren Bilder einmal in Liebe angenommen kehren nicht zurück. Zu Beginn unserer bewussten Reise durch die eigene Gedankenwelt, werden wir mit den negativen Ur – Essenzen, wie Schmerz, Wut, Verwirrung, Eigennutz, Selbstsucht und Angst, konfrontiert - welche nach und nach in der Liebe aufgelöst werden dürfen. Wenn wir sie verdrängen, kommen sie unkontrolliert in unser Bewusstsein zurück, oder sie werden uns in schrecklichen Träumen offenbart. Es ist nicht leicht daran zu glauben, dass alle – und insbesondere die schrecklichen Bilder und Gedanken zu uns gefunden haben und den Zweck verfolgen, uns etwas zu lehren. Wir werden diese Bilder solange in uns tragen, bis wir die Liebe in uns selbst entdecken und in deren Essenz sie aufgelöst werden.

Im unbewussten Zustand, in dem wir die Liebe nicht entdecken können, folgen wir instinktiv der Trägerenergie der Lust. In der Sexualenergie bewegen wir uns fort und folgen unseren Trieben. So entdecken wir die Welt, sammeln Erfahrungen ohne die Absicht zu erkennen, die dahinter steht. Leider hat uns niemand gelehrt unsere Triebe, ob materiell oder körperlich, zu kontrollieren. Auch wissen wir nicht, was Gedankenfreiheit bedeutet. Auf der Ebene der niedrigen Triebe, haben wir das Gefühl, dass immer nur der scheinbar Stärkere gewinnt. Ja, wir alle sind hierher gekommen um all das zu erfahren, aber vielmehr, um uns aus dieser niedrigen Ebene des Bewusstseins zu lösen und in ein weites Bewusstsein hinein zu wachsen - die wahre Liebe trotz der dichten Ebene zu erfahren, die uns das Gefühl der Einzigartigkeit – und des Eins - Seins vermittelt. Diese Liebe soll uns durch das Leben geleiten –

uns fühlen lassen woher wir kommen und wohin wir zurückkehren werden.

Das Erkennen und Beherrschen unserer Gedankenwelt ist der Schlüssel zur Freisetzung unseres wahren Potenzials – denke an das Resonanzgesetz : „ Wir ziehen immer das an, was wir aussenden" .

Die Kräfte der Materie – Die Kräfte des Lichtes

Zu Beginn unserer Bewusstseinsreise durch die Welt, sind wir verlorene Kinder im Labyrinth des Lebens. Erst wenn wir ein erkennendes Denken entwickeln, finden wir den Ausgang um ins Reich des Lichtes zurückkehren. Solange wir den gegensätzlichen Kräften von Geist und Materie ausgesetzt sind, pendeln wir zwischen den Polen ; wir sind ein Wanderer zwischen zwei Welten, der stirbt und Wiedergeboren wird, um in einen langen Zyklus irdischer Erfahrungen, den Widerstreit zwischen Dunkelheit und Licht zu beenden. Nach dem wir erwacht sind, wird uns bewusst, dass uns die materiellen Kräfte lange Zeit gefangen hielten. Sie übten Macht über uns aus, indem sie uns Menschen in ökonomischer Abhängigkeit hielten und unsere geistige Entwicklung behinderten. Die sogenannten „Mächtigen" dieser Welt kennen die Wirkung materieller Kräfte und das Mittel ihrer Herrschaft sind die weltweiten Medien, die u.a. mit Werbung und sich ständig wiederholender politischer Propaganda, mit der Magie von Worten, Bildern und Musik die niedrigen Instinkte und materielle Wünsche weckt und das Bewusstsein der Masse nicht denkender Menschen vollkommen einhüllt. Wodurch wir in unserer niedrigen Wunschnatur, in unseren Ängsten und in materieller Abhängigkeit festgehalten werden. Dieses Festhalten auf der niedrig schwingenden Ebene, zielt darauf ab, den Menschen in Konkurrenz zu seinen Mitmenschen zu halten, um das Bewusstsein der Einheit aller Menschen zu verhindern. Auf dieser Seite steht die Masse der Menschheit, deren Sinnen und Trachten sich auf das materielle Wohlergehen richtet und die sich der Einheit der Menschen nicht bewusst sind. Sie dienen unbewusst als Kanal für die Kräfte der Materie, die sich der Ängste, der Begierden und sexuellen Wünschen der Menschen bedienen, um sie in materieller Abhängigkeit zu halten und dadurch den Aufstieg ins Licht aufzuhalten. Denn jede Trennung im Bewusstsein trennt den Einzelnen von seiner Seele.

Die Kräfte des Lichtes arbeiten auf ähnliche Weise, wie die Kräfte der Materie, indem sie sich ständig wiederholender Worte, Mantren und Klänge bedienen, die auf das Bewusstsein der Menschen einwirken, allerdings aus einer anderen Motivation. Die Kräfte des Lichtes verwenden ausschließlich Klänge und Worte, die der Vereinigung mit der Seele dienen. Sie lehren den Menschen, sich für die Lichtebene unserer Erde zu öffnen und sich als Kanal für dieses Licht zur Verfügung zu stellen. Sie inspirieren, motivieren und lehren, aber manipulieren und zwingen nicht.

Sie bedienen sich der geistigen Liebe, die das Ziel hat, Solidarität, Mitgefühl und Gerechtigkeit in der Welt zu erreichen und der Menschheit bewusst zu machen, dass alle Seelen eins sind. Sie versuchen sich aus der Abhängigkeit der materiellen Wünschen und Begierden zu befreien, aber auch die Trennung und Konkurrenz im Denken aufzugeben, weil sie sich der Einheit aller Seelen bewusst sind. Aus dieser Gruppe wird zukünftig eine neue Zivilisation der Liebe entstehen, die eine Spiegelung der kosmischen Ordnung ist.

Diese beiden Kräfte wirken im Hintergrund unseres Lebens, ohne das wir uns dessen wirklich bewusst sind. Im Laufe unserer Seelenentwicklung, entscheidet sich jeder Einzelne durch die Art seines Denkens und seiner inneren Motivation, welche der beiden Gruppen er als Kanal dienen will.

Wir alle spüren ihn, den Ur – Schmerz, ausgelöst durch die Trennung von der Quelle. Sei dir gewiss, dass die Sehnsucht deiner Seele und der Kummer deines Herzens, sehr kostbar sind. Durch Polarität und Dualität werden wir in der niedrig schwingenden materielle Welt gehalten. Der Nebel der Erden - Dimension hat sich um uns gelegt und verschleiert die Wahrheit. Doch der Zeitpunkt wird kommen, an dem die Seele nach dem Herzen ruft und sich für einen Moment der Schleier lichtet. Dann erinnern wir uns für einen Augenblick, an die unendliche Liebe Gottes und daran weshalb wir hier sind. Es ist das Erwachen, hinein in das Unbeschreibliche.

Leider halten noch zu viele Menschen den Vorhang zu, damit sie nicht vom eigenen Licht der Seele geweckt werden. Was haben wir, hinter dem Nebelvorhang, für eine seltsame, paradoxe Welt geschaffen ? Es ist eine Welt der menschlichen Leere, basierend auf Egoismus und falschen Idealismus. Wir suchen im Außen nach etwas, was uns erfüllt und verkünden ein Freiheitsideal, welches es gar nicht gibt. Wir haben nur eine einzige Wahl; uns Gott zuzuwenden oder uns von ihm abzuwenden. Wenden wir uns Gott zu, so erfahren wir die Freiheit unseres wahren Selbst und diese Freiheit ist die bedingungslose Liebe. Tragen wir die bedingungslose Liebe in unseren Herzen, so tragen wir das Licht in uns, dass den dunklen Schleier, der unsere Welt bedeckt, durchdringen kann. Wir übergeben uns voll und ganz der Quelle allen Seins. „Herr deine Wille geschehe, wie in den Himmeln so auf Erden". Mit diesem Satz im Herzen verankert, erfahren wir eine nie gekannte

Freiheit.

Am Abgrund stehend, gefangen in Konsum und Gier, spürt ein Teil der Menschheit, dass Gefühl des Verloren - Seins , während der andere Teil so sehr in den Wünschen und Mustern des Egos verfangen ist, dass sie ihre Verlorenheit nicht bemerken. Das Gefühl des Verloren - Seins ist der Weckruf deines Herzens aus der Sehnsucht nach Einheit. All jene, die den Weckruf folgen bringen das Geheimnis der Schöpfung zurück in diese Welt. Es ist unsere Zeit die Liebe zu leben, die uns vollständig durchdringt, die all unsere Aufmerksamkeit verlangt, die uns tiefer und tiefer in das Leben hineinzieht und uns mit dem verbindet, was wir wirklich sind.

Viel zu lange schon versucht die Menschheit mittels des Verstandes aus den Verhängnissen des Lebens herauszukommen. Jedoch ist der Verstand jene Instanz, die uns von der Wirklichkeit trennt.

Er denkt sich Mittel und Wege aus, die der Erlösung und dem Heil der Welt dienen sollen, mit den Folgen, dass das Chaos größer wird. Der Mensch erkennt nicht, dass er in seiner Trennung von den schöpferischen Kräften, in sich, die Ursache für alles Elend in seiner Welt ist und das es keinen anderen Weg aus dem wachsenden Chaos geben kann, als die Umkehr zu seiner eigenen Wahrheit und mit der Einkehr in die eigene Wahrheit beginnt die Erlösung.

Aus dem einstigen Chaos wird der Kosmos geboren, das Geordnete hält wieder Einzug in unser Leben.

Unzählige Christen warten seit beinahe 2000 Jahren auf die Rückkehr von Jesus und geben Gott, für sein Ausbleiben, die Schuld. Sie glauben wirklich, dass Jesus auf den Wolken des Himmels erscheinen werde, um über die Menschheit Gericht zu halten. Die Erlebniskräfte dieser Menschen reichen nicht aus um die wahre Botschaft Jesus zu verstehen. Denn solange wir auf die Person Jesus warten, anstatt in unsere eigene schöpferische Kraft zu treten und dem Christusbewusstsein entgegenstreben, werden wir nicht erkennen, dass das Chaos der Welt nur durch die Trennung vom Göttlichen entsteht.

Ich bin das Licht der Welt, ich bin der Weg, die Wahrheit und das Leben." und bedeutet „alles Sein ist in mir" in jeden von uns.

Im Laufe von Jahrtausenden ist es zur Gewohnheit geworden, dass der Mensch sein Leben nach dem Verstand ausrichtet und wer aus seinem Verstand heraus lebt, wird niemals verstehen, dass er in Wahrheit unendliches Bewusstsein ist. „Ich Bin" ist unendliches Bewusstsein und das zu ignorieren ist fatal. Unser

17

Verstand kann „Ich Bin" nicht verstehen, denn er braucht einen Rahmen der Sicherheit, der auf kurz oder lang zur selbst erschaffenen Hölle wird. Doch wenn wir uns die Chance geben das „Ich Bin" als unendliches Bewusstsein zu begreifen, wird der Verstand ganz ruhig, bis er verstummt in der grenzenlosen, überwältigenden Stille. Es sollte uns gelingen, uns aus der Ich – Haftigkeit zu befreien – uns nicht länger zu identifizieren mit dem denkenden Verstand. Es ist die Voraussetzung um aus dem illusionären Ich – Traum zu erwachen, der uns seit langer Zeit vom Göttlichen in uns trennt. **Das „Ich Bin" zu fühlen ist ein wirkliches Gebet.**

Unser Verstand kann ein wunderbares Werkzeug sein, wenn wir der Seele die Führung überlassen.
Wir können nicht aufhören zu denken, jedoch können wir die Qualität unserer Gedanken verändern und dieses geschieht durch den Einfluss der Seele. Ohne Gedanken zu sein ist wahre Hingabe, doch wenn unsere Gedanken still stehen, bleibt auch unsere Welt stehen. Der Denker und seine Gedanken bestimmen und formen die Welt. Durch die Führung der Seele erfahren wir ein geistiges Wollen und ein neues, von Liebe bestimmtes Denken – nichts liegt mehr in unseren Händen, doch geschieht alles durch uns. „Ich Bin" ist absolute Realität, unabhängig von Körper, Gedanken und Gefühlen, welche nur Erscheinungen im Persönlichkeitsbewusstsein sind.

18

In der Entwicklung unseres Seelenbewusstseins nehmen wir immer mehr die feinstofflichen Welten wahr und wir spüren, dass wir von einem höheren Willen gelenkt werden. Wenn die Seele die Macht über unser Persönlichkeitsbewusstsein erlangt hat, führt sie uns heraus aus dem gedankenleeren, begrenzten Raum des Materialismus und befähigt uns eine geistige Vollkommenheit zu entwickeln.

Der Seelenmensch verfolgt nicht mehr irgendwelchen Glaubenssätzen, denn er ist überzeugt von einer lebendigen, vibrierenden Lichtsubstanz aus der die Welten bestehen. Die Lichtsubstanz ist die feinstoffliche Welt und diese versucht der Seelenmensch in ihren verschiedenen Helligkeitsgraden wahrzunehmen und zu unterscheiden. Allmählich dämmert es ihm, dass er die verschiedenen Helligkeitsgrade in Zusammenhang mit seinen Sinneswahrnehmungen bringen kann und er beginnt langsam zu verstehen, dass die Äußeren Ereignisse in seinem Leben seiner inneren Befindlichkeit entspricht und das sie im Zusammenhang mit seiner inneren Denkhaltung stehen. „Innen wie Außen".
Alle Energien, die aus der feinstofflichen Welt in unsere sichtbare Welt fließen, werden durch die Kraft des Denkens aus höheren oder niedrigen Ebenen gelenkt. Das Denken bildet den wichtigsten Ansatzpunkt, wenn wir

etwas in unserem Leben verändern wollen. Wie ein Mensch in seinem Herzen denkt, so ist er. Ändert sich unser Denken und unsere Einstellung, so ändert sich in der Folge auch unser Leben. „Dem Denken folgt die Energie".

Glauben gibt unseren Gedanken Kraft – Überzeugungen verwirklichen sich. Wenn wir überzeugt sind, dass „Ich Bin" die Realität ist und wenn wir davon überzeugt sind, dass wir so wie wir sind, gottgewollt sind, dann wird uns das tief entspannen.
„Wir ernten das was wir säen". Gute Gedanken aus dem Herzen sind die Ursache, deren Wirkung wir in Folge auch ernten.

Umkehr

Einst lebten wir als Geistselbst innerhalb einer untrennbaren Einheit, zu unserem Sein brauchten wir nichts als uns selbst. Wir existierten in völliger Freiheit und Unabhängigkeit in der allumfassenden Liebesgemeinschaft von göttlichen Willen, geistiger Liebe und Weisheit, im Bewusstseinsfeld Gottes. In Liebe wendeten wir uns der Quelle zu und eine unermessliche Lebensfreude leuchtete in uns auf. Doch irgendetwas geschah und wir wandten uns ab von Gott, daraufhin verfielen wir in einen todesähnlichen Schlaf – und als wir erwachten fanden wir uns in der dualen Welt, als Dreiheit von Körper – Geist und Seele wieder. Unser Geist - Selbst tauchte in einen Körper ein und unser innewohnendes Bewusstsein gleicht dem Bild eines Baumes, dessen Wurzeln in der Ewigkeit entspringen und dessen Äste und Krone sich ins Irdische hinabneigen, um eine zeitliche Verbindung mit unserem sterblichen Körper einzugehen. Die Energie, die durch die Verästelung fließt versorgt unseren physischen Körper mit vitalen Leben. Wenn im Laufe des Lebens die Seele in uns erwacht, beginnen wir nach und nach die Fesseln des Astralen zu lösen und wir erkennen, dass die Ursache unseres Leidens auf der Unfähigkeit beruhte, den Schöpfer zu empfinden und wahrzunehmen. In dem Maße, wie es uns gelingt Gott zu empfinden, werden wir von einer Liebe entdeckt, die das Fortschreiten auf dem geistigen Pfad begleitet und in dem Maße der Reinheit unseres Verlangens, wird unser irdische Leben Früchte tragen.

Das Herzzentrum des Menschen im niedrigen Selbst ist mit Angst besetzt, das Bewusstsein gehemmt, Gefühle und Gedanken verzerrt. Dieses Zentrum ist der Ort des Gewissens und wenn wir den innigen Wunsch verspüren, öffnet es sich und wandelt das Gewissen zum inneren Wort des Christus - Bewusstseins. Im erwachten Herzzentrum wird bedingungslose Liebe wirksam und löst Emotionen und physisches Empfinden auf. Fürchte dich nicht vor der brennenden Klarheit und löse dich bereitwillig von den lockenden, betörenden, doch heimlich vergiftenden Einflüssen des illusionären Scheinlichtes. In den Wurzeln des Bewusstseinsbaumes erwarten dich die Energien von Liebe, Weisheit und schöpferischer Intelligenz, jene Energien, die das Leben erbauen. So entsteht eine neue, Gott zugewandte Persönlichkeit hier im irdischen Sein.

Einer der wichtigsten Schlüssel für unser irdisches Sein sind unsere Gefühle. Viel zu lange haben wir sie weggeschlossen um uns vor Verletzungen zu schützen. Dadurch wurde unser heiliges Herz unerreichbar. Es ist an der Zeit, dass wir die Vielfalt unserer Gefühlswelt wiederbeleben und somit eine Verschmelzung all unserer Lebensebenen erreichen. In vielen von uns ist schon lange der Wunsch erwacht, Körper, Seele und Geist zu vereinen. Unsere Seele, die reine Liebe ist, ist der Vermittler oder das Verbindunsglied zwischen der niedrigsten Ebene, dem Körper - und der höchsten Instanz in uns, dem göttlichen Geist. Hier in der Erdensphäre werden wir in unserem Leben mit den verschiedensten Dichten konfrontiert, was aber notwendig ist, um das zu fühlen, was gefühlt werden soll. Die Seele ist hier um Gefühlserfahrungen zu sammeln, weil sie in der lichten Welt aus der sie stammt keinen Körper hat. Unser Erdenleben ist nur möglich, weil die Seele unserem Ego Raum gibt, ein drei – oder fünfdimensionales Dasein zu erfahren. Je mehr wir unserem Verstand vertrauen, je intensiver erleben wir die Dichte. Je mehr Raum wir ihm geben und der Seele die Führung überlassen, umso lichter wird unser Leben. Den Weg der Seele bewusst mitzugehen ist das Wundervollste, das der Verstand, die Seele und der göttliche Geist erleben kann. Nun ist es für den Verstand nicht nachvollziehbar, dass die Seele alle Gefühle erleben möchte, denn was soll am Leid schon gut sein? Wenn wir uns aber für die Seelenebene öffnen, erkennen wir die Absicht und neue ungeahnte Möglichkeiten und vor allem, wir erkennen unsere Schöpferkraft. Es ist nicht immer leicht für uns das Leben mit seiner Gefühlsvielfalt zu akzeptieren und noch schwieriger, alle Erfahrungen in Liebe anzunehmen. Wenn es uns gelingt initiieren wir ein Leben ohne Mangel, Ängsten und Leid. Wir alle sollten es wagen unsere Gefühle zu offenbaren, unser Handeln zu reflektieren und uns Denken zu durchschauen. Denn jenseits der Finsternis, jenseits unserer Ängste und Sorgen liegt ein paradiesisches Licht, welches leuchtet und strahlt. Hier begegnen wir der Kraft der alles durchdringenden Liebe und von hieraus ist es der Seele, in Verbindung, mit dem Geist möglich, schöpferisch tätig zu werden. In diesem Bewusstsein werden wir bewusst zum Schöpfer unseres Lebens. Der Auftrag der Seele lautet, die Fülle der dreidimensionalen Realität zu erforschen, die Verschiedenartigkeit des Einen Bewusstseins zu erfahren und einen Weg zu finden, der herausführt aus der Dichte – zurück ins liebende göttliche Bewusstsein.

Das Erwachen der Seele

Nach fast allen Schöpfungsmythen ist der wahre Mensch ein vollkommener, dreifacher Ausdruck Gottes, ein Tempel oder Körper des Geistes und damit ein Träger von Licht, Liebe und Kraft. Wenn wir dieses erkannt haben und als wahr annehmen können, spüren wir eine nie zuvor gekannte Energie in uns, die uns sanft in eine Richtung zieht. Diese Energien sind von Gott gesandt und lassen uns ihn entgegengehen, vergleichbar eines Flusses, der den unendlichen Ozean entgegen fließt. Je näher wir dem Ozean kommen, desto erhabener werden unsere Gefühle. Wir erkennen zunehmend mehr eine andere Wirklichkeit und werden immer mehr zu Wesen der Liebe, Freude und wahrer Inspiration. Uns erreichen stets neue Impulse, wie wir über die äußeren Umstände und Verhältnisse hinauswachsen können. Je näher wir dem Ozean kommen, desto weiter entfernen wir uns von unserem Alltagsdenken mit den kleinen scheinbaren Notwendigkeiten des physischen Körpers. Wir wollen nicht länger ärgerliche, wütende und aufgeregte Geschöpfe, sondern eine Quelle der Kraft, der Inspiration, des Friedens und der Freude, für uns selbst und andere sein. Wir werden zunehmend mehr zu einem vibrierenden Zentrum der göttlichen Liebe und erkennen den Fluss als Heimweg zum Herzen Gottes.

Die meisten Menschen sind mit den Glaubenssätzen der Kirche aufgewachsen, durch die Gott, auf einen Podest gestellt, als urteilender, bestrafender und zürnender Gott dargestellt wird, der weit von uns entfernt ist. So verbringen wir viele Jahre, oder auch viele Leben in Unwissenheit. Nicht selten müssen erst schlimme Dinge in unserem Leben geschehen, die uns darauf aufmerksam machen, nach Innen zu tauchen, um dort nach dem Höchsten Ausschau zu halten. Mit der Zeit lernen wir mit dem Herzen zu sehen und zu fühlen, was uns befähigt, das Wesen Gottes in uns selbst zu erkennen.

Mit dem Erfühlen des göttlichen Wesens, erreicht uns eine tiefe, alles durchdringende Liebe, sie ist die Antwort Gottes, oder auch der Fluss, der uns zum unendlichen Ozean führt. Auf dem Weg zum Ozean werden wir oft an den Ufern stranden, werden uns auch vom Fluss entfernen, doch das Sehnen des Herzens, wird uns immer wieder zum Strand des Flusses zurückziehen.

Je weiter wir uns von den Alltagsgedanken entfernen, je mehr unser Verstand in der Stille ruht, je deutlicher spüren wir, dass eine neue Schöpfung in uns erwacht. Je mehr wir unser Bewusstsein von irdischen Unrat befreien, desto mehr füllt uns Gott mit Frieden, Licht und Glückseligkeit, auf diese Weise kommen wir dem Meer seiner Wirklichkeit immer näher.

Über einen viel zu langen Zeitraum haben wir Gott vergessen, konnten ihn nicht spüren, oder wir haben sogar an seiner Existenz gezweifelt. Zweifel basieren immer auf Abwesenheit wahren Wissens und entspringen der Vernunft. So ist es unser Verstand der zweifelt. Glaube ist der Gegenpol von Zweifel. Jeder wahre gläubige Mensch, heißt die Vernunft willkommen und umarmt in Liebe den Verstand. Im fortschreitenden Prozess unseres geistigen Wachstums, wird aus dem Glauben die Überzeugung geboren und so nimmt, der einst zweifelnde Verstand, das Ewige, Unendliche und Unsterbliche an.

Um das zu erreichen muss unser Verstand jeden Augenblick mit klaren Gedanken an göttlichen Idealen überflutet werden. So sind es die göttlichen Ideen, die unser Herz mit Liebe füllen und unser Bewusstsein ausdehnen lässt.

Unser Alltagsbewusstsein ist sehr begrenzt, doch durch die Verwirklichung göttlicher Ideale, dehnt es sich aus und wächst in ein erfüllendes Licht hinein. Bewusstsein an sich, ist die Ewigkeit, das Unendliche in uns. Das reine Bewusstsein kennt weder Geburt noch Tod, es ist unsterblich und es ist unsere Aufgabe, aus unserem begrenzten Bewusstsein heraus, in den unendlichen Ozean göttlichen Bewusstseins hineinzuwachsen. Das irdisch – menschliche Bewusstsein ist nicht erleuchtet, aber jeder Mensch trägt den Funken göttlicher Liebe in seinem Herzen, der von Gott hineingelegt wurde, damit wir, in der Welt der Formen, seine Liebe erfahren können. All diejenigen, die den göttlichen Funken in sich selbst entdecken und ihn annehmen können, sind von Gott gerufen und treten ein, in den Raum der Liebe und der grenzenlosen Schöpfung, der in jedem von uns verborgen liegt. Hier an diesem Ort beginnen wir unsere Gedanken und Gefühle zu harmonisieren. Das Harmonisieren geschieht durch die Verbindung mit der göttlichen Energie, die nicht nur jede Körperzelle erfasst, sondern nach und nach unser ganzen Wesen durchflutet. Die Seele, die mit dem Herzen verbunden ist, wird durch dieses Licht genährt.

Der Mensch ist von Natur aus Träger des Lichtes, doch solange er in seiner Bewusstlosigkeit gegenüber seiner eigenen Gegenwart verharrt, kann er das Licht nicht erkennen. Das Christusbewusstsein ist der Geist des Schöpfers, aus dem alles entsteht und entstanden ist. Aus diesem kosmischen Bewusstsein entsteht das Leben und das Leben ist das Licht des Menschen.
Doch der Mensch zieht es vor, in dem Verhängnis seiner Unwissenheit zu leben, so stellt er sich unter den Mächten

des Verderbens als eines Nicht – Lebens und trägt so die Folgen in Ängsten, Leid und Tod. Doch wer die Wahrheit in sich erkennt, erkennt das Licht und erlebt dessen Einstrom in sein Leben. Es gibt keinen Gott, der außerhalb unserer eigenen Welt erreichbar wäre. Wenn wir die Beziehung zu unserer eigenen Schöpferkraft verstehen, erfahren wir die Verbindung zum Schöpfer und zwar in dem Ausmaß, wie wir fähig sind zu lieben. Gott über alles zu lieben, ist keine religiöse Aufforderung, sondern vielmehr die Aufforderung, jenes Leben zu leben, welches Gott uns gegeben hat. Wer sich selbst in seiner Wahrheit als Schöpferkraft liebt, der liebt Gott und wird seine unendliche Kraft spüren. Durch die Liebe zu uns selbst und zu Gott erhöhen wir unsere Lebendigkeit. Wer in dieser Liebe verweilt ist in Gott und Gott ist in ihm.

Verweile ich im kosmischen Bewusstsein wird mir eine unbeschreibliche Klarheit und Ordnung zu teil und ich erkenne die Genialität als Leben aus dem Ursprung und wenn der Mensch dazu bereit ist, sich seinem Ursprung zu nähern, stehen ihm diese genialen und schöpferischen Kräfte zur Verfügung. Die Aussage Jesu macht Hoffnung, denn er sagte : „ *Ihr werdet die Wahrheit erkennen und die Wahrheit wird euch frei machen*".

Der Mensch erkennt nur, was er sieht, er sieht nur, was er weiß und er weiß nur, was ihm von anderen begrenzten Menschen gelehrt wurde. Wir können nur das erkennen, worauf unser Bewusstsein ausgerichtet ist und daraus ergibt sich, in den meisten Fällen, ein Leben, innerhalb eines recht begrenzten Bewusstseinsraums. In unserer begrenzten Bewusstheit bekommen wir keinen Zugang, zu jener Kraft des Schöpfers, aus der unsere Welt der Gegenstände entsteht.

So distanzieren wir uns nicht nur von dieser Kraft, sondern auch von jenen Menschen, die ihr Bewusstsein auf diese Kraft ausgerichtet haben, sie passen nicht in unser kleines Weltbild hinein. Aus den unterschiedlichen Bewusstseinsstufen der Menschheit, ergibt sich die Beziehungslosigkeit zueinander. Ein Mensch, der seinen Fokus auf die materielle Welt gelegt hat, kann keine gute Verbindung zu dem Menschen aufnehmen, der bereits zu der spirituellen Wirklichkeit des Lebens vorgedrungen ist. Seine Sinne sind für das Dahinterliegende Geheimnis blind. Seine Bewusstlosigkeit trennt ihn von den feinstofflichen Dimensionen ab. Doch sobald er aus seiner Bewusstlosigkeit erwacht und seine Sinne auf die schöpferischen Kräfte zentriert, beginnt die Entfaltung eines mystischen, spirituellen Lebens. Der Mensch entdeckt, dass seine eigene Wahrheit in der Kraft des Schöpfers liegt und je intensiver er sich auf diese

29

feinstofflichen Energien ausrichtet, umso mehr wird er von ihnen durchdrungen und er erlebt die Verwandlung seines Lebens. Es ist kein Weg ins Übermenschliche, sondern es handelt sich lediglich um einen Prozess der zur Menschwerdung im Sinne des Schöpfers führt.

Für jene Menschen, die nicht erwachen wollen, wird das Chaos im Außen so erschütternd, dass für sie eine leidvolle Not – Wende eingeleitet wird. Auf diese Weise werden auch sie zum Ursprung zurückkehren und so werden auch sie das überwältigende Bewusstsein der göttlichen Einheit erfahren.

Ohne die Verbindung zu seiner göttlichen Kraft lebt der Mensch ein unwahres, ohnmächtiges Pseudo – Leben und innerhalb seines begrenzten Bewusstseins versucht er die Welt zu retten. Doch aus diesem kleinen Geist heraus entstehen Revolutionen, Kämpfe und Kriege, die zur Verbesserung der Welt und das Verständnis der Menschen untereinander beitragen sollen. Solange der Mensch, über sich selbst und der ihm anvertrauten Schöpfung eigenmächtig und egoistisch zu herrschen versucht, werden wir nichts anderes erfahren, als Leid, Verderben, Sinnlosigkeit, Vernichtungen und Zusammenbrüche. Wir können nicht die Kraft des Schöpfers in unsere eigene Willkür stellen, ohne dabei ins Verderben zu laufen. Es gibt keinen anderen Ausweg, als den der Bewusstwerdung unseres wahren Selbst mit seiner göttlichen Kraft.

Niemand lehrte uns was Liebe wirklich ist, weder Schulen, noch die Gesellschaft, in der es üblich ist Liebe lediglich auf Personen und Dinge zu projizieren. So stecken wir fest im niedrigen Selbst verloren im Irrgarten der Triebe, des Wünschens und Begehrens. Die sexuelle Energie wurde zur Trägersubstanz unseres irdischen Seins und wir folgten den Instinkten der Lust. Der Weg im Außen wird immer von einer Sehn(sucht) und (Leid) enschaft begleitet. Wir sind hierher gekommen um diese Erfahrungen zu machen – wir sind in diese Welt hineingeboren um uns vom niedrigen Selbst zu befreien. Nur durch ein neues Denken, ein geklärtes Bewusstsein und ein gereinigter Körper entsteht eine neue Energie in uns, die zum wichtigen Bestandteil wird, für die Entwicklung, hinein in die Dimension der Liebe und des Friedens. Auf dem Weg des Vertrauens zu sich selbst, der Welt und Gott, ist das Aufgeben des Ego - fokussierten Suchens der erste Schlüssel, wodurch das Echo im Außen schwächer wird. Nur im erweiterten Bewusstsein kann sich unser Herz für die Liebe öffnen. Selbstliebe ist das Ankommen in sich selbst - das Verweilen in der Mitte - seiner inneren Stimme folgen und zu keiner Zeit an sich zweifeln. Tauche ein in den Fluss der Liebe und lass dich inspirieren von den unendlichen Möglichkeiten, die du aus Liebe kreierst.

Ich möchte euch erinnern, dass alles was geschieht, in unserem Leben und in der Welt, der Bedingung der Dichte folgt und das es an der Zeit ist uns zu entfalten. Und aus dem Wunder welches in uns ist, die Magie zu erschaffen, die uns erkennen lässt, dass wir liebende Schöpferwesen sind.

Bewusstseinswandel

Wenn das Bedürfnis zu kämpfen nachlässt, wenn wir mehr und mehr loslassen können und wenn wir vertrauensvoll an Entscheidungen herangehen – wenn wir Ängsten mutig und realistisch entgegentreten und unser Blick klarer wird, dann befinden wir uns auf einer Bewusstseinsebene, die den meisten Menschen nicht unmittelbar zugänglich ist, weil sich das Bewusstsein in persönlichen Krisen immer wieder zusammenzieht und ein Ausdehnen in weite Ferne rückt.

Ein erweitertes Bewusstsein zeigt sich uns dadurch, dass wir nicht mehr das Gefühl haben festzustecken – das Leben scheint zu fließen und unsichtbare Kräfte lenken unseren Weg.

Vielleicht glaubst du, dass du viel spirituelle Erfahrung brauchst, um das sich dein Bewusstsein ausdehnen kann – doch das Gegenteil ist der Fall. Wir weiten unser Bewusstsein in dem Maße, wie wir bereit sind uns zu öffnen und inwiefern wir offen sind für die präsentierten Antworten.

Wenn es keinen Kampf mehr gibt, wenn Wünsche in Erfüllung gehen – wenn uns die Außenwelt spiegelt, was in uns vorgeht und wenn wir uns ganz und gar geborgen fühlen, dann haben wir uns ausgedehnt und sind im Universum zu Hause.

Vertraue den kosmischen Kräften

Es sind nicht die Gestirne, oder die Planetenbahnen, die Einfluss nehmen auf die Umstände unserer Geburt, auf unsere besonderen Talente oder unsere nicht vorhandenen Fähigkeiten, sondern diesen Einfluss üben jene kosmischen Kräfte auf uns auf, die auch Planten und Gestirne in ihrem Kreislauf halten und die Entwicklung der Menschen bestimmen. Unser Schicksal ist nicht abhängig von den Planetenkräften, sondern von jenen feinstofflichen Energien, die von den kosmischen Elementen geschaffen werden und Alles durchdringen. Ob Planten, Gestirne, Natur oder Mensch, wir unterliegen alle den gleichen kosmischen Gesetzmäßigkeiten. So gilt es für uns Menschen mit jenem Energiepotenzial in Kontakt zu treten, von dem die Planeten in gleicher Weise abhängig sind, wie der Mensch in seiner Entwicklung.

Es ist die größte Freude, wenn wir aus unserem begrenzten Persönlichkeitsbewusstsein mit samt unserer Engstirnigkeit hinauswachsen und uns aus dieser Freiheit heraus mit den Energien des All – Einen verbinden. Niemand kann uns davon abhalten diese Freiheit zu leben, weil niemand unsere Gedanken, Gefühle und Einstellungen bestimmen kann. Außer wir selbst ! Wenn wir uns für diese Freiheit entscheiden, sind wir dazu angehalten, unser Leben auf dem geistigen Pfad zu gehen. Was bedeutet, dass alle begrenzenden Dinge, falsche Vorstellungen, überholte Theorien und veraltete Konzepte verschwinden müssen, einfach alles, was uns in der Dichte gefangen hält.

Viele Menschen fürchten sich vor dem Loslassen, weil sie nicht wissen, was sie erwartet und da ihr Glaube an die Wirkung der kosmischen Gesetze nicht stark genug ist, werden sich nicht selten, ihre Befürchtungen, beim ersten vagen Versuch des Loslassens, bestätigen. Mangelendes Vertrauen in sich selbst und zu Gott blockieren den Zugang zu den kosmischen Energien und halten uns gefangen in der Finsternis. Ich möchte dir ans Herz legen, auch wenn du nur vage Ahnung davon hast, du könntest ein geistiges Wesen sein, dann lebe es, als ob du schon davon überzeugt wärest, was du insgeheim von dir als einem geistigen Wesen als wahr erkennst. Auf diese Weise überschreitest du eine bedeutende Schwelle und als erstes wird sich dein Lebensgefühl verändern. Eine nie zuvor gekannte Leichtigkeit zieht sich durch deinen Alltag und du spürst, wie die kosmischen Energien Einfluss auf dein Leben nehmen.

Was immer wir tun, erzeugt eine mehr oder weniger fruchtbare Gegenreaktion. Jeder Gedanke, jedes Wort und jede Tat unterliegt dem ununterbrochenen Prozess von Aktion und Reaktion. Jeder Klang erzeugt ein Echo und so entsteht auch für uns Menschen, ein Echo auf den Klang unseres Lebens. Vertrauen in das Unendliche mit seinen wundervollen Energien ist wohl ein Thema, dass sich durch unser Leben zieht und das Ziel, das wir anstreben. Wenn die Seele durch unsere Persönlichkeit hindurchdringt und wir mit jedem Augenblick im Einklang sind, wird es uns an nichts mehr mangeln. Durch innere Führung werden wir durch Hindernisse hindurchsehen und im Einklang mit der Natur auf allen Ebenen spontan wirken. Lebe so, als ob du dich im Einklang mit dem Kosmos befindest – verbinde Herz und Seele mit der Quelle – wende dich an die Engel, jene wunderbaren Wesen, die den Kosmos (Uns) mit den Energien aus der Quelle versorgen, die zu uns als Liebe herabströmt und so werden wir spüren, dass wir bereits alle Reichtümer des Himmels besitzen. Wenn wir diesen Energien folgen stimmen wir uns auf ein inspiriertes

Bewusstsein ein und treten dem Bund erwachter Seelen bei – in dem wir wissen, dass wir in Gott und Gott in uns ist.

Wenn ich täglich die Menschen reden höre, über ihre Probleme, Fehlschläge, Frustrationen und Widerstände, so spüre ich, wie sie gefangen sind, im eingeschränkten Bewusstsein ihres niedrigen Selbst. Wenn ihnen niemand sagt, dass sie ihr Bewusstsein erweitern können, haben sie keine andere Wahl, als im Mangel ihres Bewusstseins zu leben. Unsere Gesellschaft hält die Spiritualität als Problemlöser für wenig real, obwohl sie am Gewahrsein ansetzt mit dem Ziel das Bewusstsein zu erweitern. In schwierigen Zeiten bemühen sich die Menschen, mit einer verwirrenden und wechselhaften Mischung aus Angst, Wut, Stimmungsschwankungen und Alltagsproblemen zurechtzukommen, doch sie kämen niemals auf die Idee spirituell und Lösung in einem Satz zu verwenden. Das zeugt von einer eingeschränkten Sicht dessen, was Spiritualität wirklich ist und bewirken kann. Spiritualität verändert das Bewusstsein und schafft eine neue Sichtweise. Du kannst einen Menschen, der sein Leben auf der Existenz seiner Seele gründet, ohne Umschweife alles fragen, was er fühlt, was er annimmt – welches seine Überzeugungen sind. Du wirst niemals auf Abwehr stoßen und feststellen, dass dieser Mensch keine, für dich, spürbaren Barrieren hat. Dieses reine, barrierefreie

Bewusstsein ist die Grundlage der Dinge und die Lösung für die im niedrigen Selbst entstandenen Probleme.

Wir sind hierhergekommen um das Leben zu verstehen. Wir sind hierhergekommen um das zu verbinden, was lange getrennt war.

Im Durchbrechen unserer alltäglichen Gewohnheiten erschließt sich uns unsere Herkunft.
Nichts, was dir in deinem Leben widerfährt ist unnütz, alles hat seinen Sinn und seine Berechtigung. Vieles jedoch ist Ablenkung...lerne zu unterscheiden. Denke nicht zu viel und zweifle nicht an dir, so nimmt das Göttliche, in dir, seinen Platz ein. Einfach sein, den Plan Gottes zu vertrauen ist das Wichtigste.
Die Zeit der Schwere lässt zunehmend nach, vertraue deinem Herz und nicht so sehr deinem Verstand.

Das Leben will fließen, was für uns bedeutet, es will gelebt sein. Unser Körper macht das Erleben von Leben möglich. Er unterliegt den Gesetzen von Polarität und Dualität und das müssen wir verstehen und akzeptieren. Stellen wir uns dem Leben entgegen erzeugen wir Reibung und das bedeutet Leid und Schmerz, lassen wir es fließen erleben wir Glück und Freude.
Unser physischer Körper ist das Instrument der Seele und dient dazu Erfahrungen zu sammeln, die der Seele

ausschließlich in der physischen Welt zugänglich sind.
Manchmal spüren wir eine unerklärliche Sehnsucht in uns,
nach Weite, nach Unendlichkeit. Dieses subtile Gefühl ist
die Sehnsucht nach unserer Seelenfamilie, von der wir,
durch unsere physische Existenz getrennt sind.

Wir sind eingebettet in den Zyklus des biologischen
Lebens von Geburt, Sexualität und Tod, doch sind es diese
Bedingungen, die der Seele ermöglichen körperliche Liebe
– und einen Mangel an Liebe zu erfahren. Ein andauernder
Mangel an Liebe bedeutet für unser physisches Sein,
Krankheit und Leid. Nun ist es schwer für uns zu
verstehen, dass es Zustände sind, die die Seele erfahren
will und muss, um dann zu erkennen, dass einfließende
Liebe das Leid aufhebt und jede Krankheit heilt.

Wenn es uns gelingt, dass Leben nicht als linearen
Zeitablauf, der sich zwischen Geburt und Tod abspielt,
sondern als einen immer wieder kehrenden Zyklus von
Werden und Vergehen, von Sein und Nichtsein des Körpers
zu betrachten, dann richten wir unser Bewusstsein auf die
Unendlichkeit und lernen Leid und Krankheit, als
Erfahrungsschatz der Seele dankbar anzunehmen.

Für uns gilt es, dass wir unsere körperliche Anfälligkeit,
Verletzbarkeit und Zerbrechlichkeit als Bedingung für das
Menschsein und als Erfahrungen der Seele anzunehmen
lernen. So wird uns die höchste Form eines erfüllten
irdischen Daseins in Aussicht gestellt, wenn wir dazu bereit

sind, alles was uns widerfährt, als Ergebnis eines größeren, wohldurchdachten Plans zu betrachten, auch dann wenn wir die Zusammenhänge noch nicht erkennen.

Das Ego ist jene Instanz in uns, die das Neue und Unbekannte nicht mag. Das Ego liebt den Status Quo. Das Ego lebt von den Erfahrungen der Vergangenheit, hält an der Gegenwart fest und fürchtet nicht selten die Zukunft. Es lehnt Veränderung ab, oder es tut alles, damit der gegenwärtige Zustand so bleibt, wie er ist. Willensschwäche und fehlende Selbstdisziplin werden vom Ego genutzt, um den Zustand zu erhalten. Wir kennen ihn alle, den inneren Schweinehund, den wir schon lange mal überwinden wollten, aber die Aussicht auf Anstrengung uns davon abhielt ihn zu überwinden.

Das Ego ist der Wächter dessen was uns vertraut ist. Dem Ego ist es lieber immer wieder den gleichen Fehler zu begehen, als einen neuen, unbekannten Weg zu wählen, somit blockiert das Ego Bewegung, Wachstum und Fortschritt. Innerhalb unserer Komfortzone kennen wir uns aus, wir sind jemand und fühlen uns sicher. Wer weiß was uns außerhalb erwartet ? Es ist genau diese Einstellung, die der Seele entgegenwirkt. Der Auftrag der Seele lautet Wachstum, Veränderung, Entwicklung und Fortschritt. Jeder von uns bekommt immer wieder Impulse, die uns aufmerksam machen unsere Komfortzone zu verlassen, etwas Neues anzufangen. Nicht selten muss das Schicksal in voller Härte eingreifen, erst dann sind wir willig, das Risiko zu wagen. Die Seele greift zu einer List, sie schick uns in die dunkle Nacht, in der die Sehnsucht nach dem Licht unendlich groß wird. Diese Not bringt oft die Wende. Aber auch hier ist das Ego nicht untätig, denn es schickt uns die Opferrolle. Erst wenn wir das Spiel des Ego durchschauen, können wir uns aus der Rolle wieder lösen.

Wir leben tatsächlich in einer Zeit des Übergangs. Ein neues, größeres Bewusstsein möchte sich auf der Erde manifestieren. Dieses neue Bewusstsein wirkt der Trennung entgegen und beinhaltet die Erkenntnis und das Wissen um Einheit. Die Gegensätzlichkeiten dürfen gleichzeitig miteinander existieren. Es wartet darauf ins Kollektivbewusstsein zu gelangen und von uns allen gelebt zu werden.
Nun sollte jeden Menschen klar werden, dass unsere alten Denk – und Verhaltensmuster, gegenüber diesem neuen Bewusstsein, hinderlich sind. Allerdings brauchen wir nicht in Panik zu verfallen, denn das Leben selbst ist der perfekte Lehrer, der uns immer wieder die Lektion vorspielt, die gerade an der Reihe ist und zwar in dem Tempo, welches von der Seele vorgegeben wird. Der Verstand (Ego), als Kontrollinstanz, wird immer wieder versuchen einzugreifen um Leben zu blockieren. Doch der

Drang des Lebens ist stark und fordert uns auf, uns darauf einzulassen. Egal was auf uns zukommt – gehen wir mitten hindurch, es gibt keine Abkürzung. Vermeidung bedeutet Kummer und Leid. Vertraue darauf, dass Leben, so wie es sich dir zeigt, genau die Erfahrung ist, die die Seele zur Heilung braucht. Heilung ist der Weg zur Einheit !

Die Entwicklungsphasen der Seele

Das Erwachen der Seele geschieht durch das Entdecken des göttlichen Funken im Herzen. Ist die Seele erwacht, wird das menschliche „Ich" zu ihrem Instrument in der Welt der Formen, in dem sich die Seele, mit unserem Persönlichkeitsbewusstsein verbindet. Durch diese Verbindung, erfahren wir ein stark euphorisierendes Gefühl, welches auf die Seelenaktivität zurückzuführen ist. Des weiteren spüren eine Sehnsucht nach Freiheit von der Materie. Alte Gewohnheiten und Interessen, die unseren Lebensmittelpunkt ausmachten, werden plötzlich schal. Neue machtvoll wirkende Energien führen zu Stimmungsschwankungen und nicht selten zu Versagen im Alltag. Melancholische Verstimmung begleiten uns in dieser Phase, weil jede Seele, immer im Schattental des Bewusstseins erwacht. Oft ist es so, dass wir aufgrund falscher Interpretation des Erlebens in eine tiefe Verzweiflung stürzen, welches wir erst in einer viel späteren Entwicklungsphase erkennen. Gedanken, die aus dem Morast der Vergangenheit geboren werden, halten wir irrtümlicher Weise für unser Denken. Die alten Gedankenstrukturen der Egozentrik und Lieblosigkeit dominieren das tägliche Gedankengut, jedoch ist es eine Verabschiedung vom alten Bezugsrahmen des Lebens. Da unsere Persönlichkeit alleine nicht in der Lage ist unsere Gedankenwelt zu bändigen, begreift die Seele, dass sie die alleinige Führung übernehmen muss. Schritt für Schritt beginnt die Seele damit, die niedrigen Strukturen des menschlichen Denkens, in ein höheres, intuitives Denken zu wandeln. *So ist es die erste Aufgabe der Seele, sich mit dem Persönlichkeitsbewusstsein zu verbinden, die Gedankenkontrolle zu übernehmen und so einen Pfad zu schaffen, den sie in der Welt der Formen begehen kann.* Innerhalb dieser ersten Phase erleben wir Isolation und Einsamkeit, aber die wachsende Bewusstheit lässt uns erkennen, dass die Einsamkeit, lediglich eine Konsequenz, auf eine bedeutungsvolle Veränderung, in unserem Bewusstsein ist und auf der Verschiebung einer neuen Perspektive beruht. Leider stecken viele Menschen lange Zeit in dieser ersten Phase des Erwachens fest, weil sie nicht erkennen das Einsamkeit, Melancholie und Verlorenheit auch ein Ausdruck Gottes sind, um all die Schattenanteile hervorzuholen, die es zu heilen gilt. Die erste Seelenaufgabe ist dann vollbracht, wenn es der

Seele gelungen ist, unsere Gedankenwelt in Zaum zu
halten und uns die neugewonnen Denkinhalte eine neue
Lebensperspektive aufzeigen.

Der Irrgarten menschlicher Emotionen und Triebe

*Für die zweite Aufgabe überschreitet die Seele, die
Schwelle des Tores zum Irrgarten der menschlichen
Emotionen und Triebe.*

Auf gleiche Weise, wie sich das Persönlichkeits - Selbst der
Seele unterordnet, strebt die Seele danach sich dem Geist
hinzugeben.

So sucht sie in den Räumen des menschlich Unbewussten
nach dem strahlenden, alles durchdringenden Licht des
göttlichen Willens, in dessen Bewusstsein sie das
neuerworbene Denkvermögen zentrieren soll. Wir
Menschen sind gefangen in den irdischen Sümpfen von
Verlangen und Begehren.

*Nun ist es die Aufgabe der Seele, dass wir unsere
selbstbezogenen Wünsche, Emotionen und Triebe durch
den gesunden Menschenverstand wahrnehmen.*

Durch das Erkennen und Bewusstwerden unserer eigenen
egoistischen und egozentrischen Denk - und
Verhaltensweisen, verändern sich allmählich unsere
Charaktereigenschaften. Während wir einen wahren
Energiesturm empfinden, verbindet sich die Seele mit dem

43

Licht des Christus, was zu tiefgreifenden Umbrüchen, neuen Sinn – und Zielsetzungen und zu einer völlig neuen Ausrichtung unseres Lebens führt. Haben wir den irdischen Willensaspekt überwunden, werden wir zunehmend mehr zum Werkzeug göttlicher Liebe. Bis hierhin war es ein zähes Ringen zwischen der Seele und den astralen Dunkelheiten, die tief in uns verborgen lagen. Da die Seele vollständig im Einklang mit den kosmischen Gesetzen steht, spüren wir in unserem alltäglichen Leben, dass wir zunehmend mehr ein klares, schöpferisches Denken entwickeln und es wird uns allmählich immer bewusster, dass wir lange Zeit Gefangene der materiell – physischen Ebene waren. Wir lernen das Gesetz der Anziehung (Resonanzgesetz) zu verstehen und wie es sich , unter dem Einfluss des neuen klaren, schöpferischen Gedankenguts, in Verbindung mit der zunehmenden Selbstliebe, positiv auf unser Leben auswirkt. Den Schlüssel hierzu finden wir im Verstehen des Wechselspiels zwischen den Polen negativ – positiv, Mann – Frau, Persönlichkeits – Selbst und Seelen – Selbst. Wenn die Seele die Führung übernommen hat, erkennen wir, dass die Dualität nichts anderes ist, als eine Illusion unseres physischen Bewusstseins, das uns durch die Welt der illusionären Selbsterfahrung führt.

Das Erwachen der Seele ist ein tiefgreifender Prozess, dem ein Zustand innerer Stille und Weite vorausgegangen ist. Dadurch, dass unser Verstand still wird, verliert das Ego an Kraft, bis es sich in der Weite verliert. In diesen Momenten können wir unser höheres Selbst in der Herrlichkeit des Seins erfahren. Das höhere Selbst, oder Seelenbewusstsein ist Träger aller Lebensessenzen und das Verbindungselement zum karmischen Gesetz von Ursache und Wirkung. In diesem Entfaltungsprozess werden Gefühl und Verstand zu einer Einheit verschmolzen. Wir erleben Liebe nicht mehr als eine Emotion, sondern erfahren sie als innere, seelische Verbundenheit mit Allem was ist. Das Gesetz von Ursache und Wirkung ist eine große, wichtige Gesetzmäßigkeit, welche wir in unserem Persönlichkeitsbewusstsein niemals erfassen können. War uns einst nicht bewusst, dass alles was wir denken und tun eine Wirkung hat, so erkennen wir im Zustand eines erweiterten Bewusstseins, dass Gedanken gebunden an Emotionen eine Energie freisetzt, die niemals vergeht und irgendwann auf uns selbst zurückfällt. Solange wir mit diesem Gesetz nicht vertraut sind, werden immer wieder Schicksalskräfte, die von außen auf uns zuzukommen scheinen, bestimmend und korrigierend in unser Leben eingreifen. Durch die geistige Entwicklung des Überbewusstseins, werden die Erkenntnisse um die kosmischen Gesetze stufenweise in unser Persönlichkeitsbewusstsein integriert. Nach und nach werden wir mit der größeren Wirklichkeit vertraut und erkennen, dass wir nicht nur eine Ansammlung von Milliarden einzelner Menschen sind, die auf Mutter Erde wandeln, sondern ein Gruppenwesen, bestehend aus getrennten Körpern, jedoch seelisch – geistig geeint. Wenn wir dieses Gefühl als wahr annehmen, dann überschreitet unsere Liebe eine bedeutende Grenze. War die anfängliche Liebe, eine Liebe, die nur auf die Befriedigung des eigenen Selbst ausgerichtet war, so weitet sie sich aus und entwickelt sich zu einer grenzüberschreitenden, allgemeinen Menschenliebe. Das Erwachen dieser Liebe geschieht einzig und allein durch Seelenaktivität, durch die Freude, die wir an anderen Menschen haben - und die Anderen an uns. Nur durch ein geklärtes, gefestigtes und beruhigtes Gedankenleben, kann die Seele den weisheitsvollen Sinn der Liebe verstehen, um sie dann in eine selbstlose Form zu transformieren.

Brachten wir einst die Liebe in Verbindung mit Leid, Eifersucht, Wut, Erwartungen und Triebhaftigkeit, so erkennen wir nun, dass es sich hierbei lediglich um Emotionen handelte, die aus unserem begrenzten Persönlichkeitbewusstsein entsprangen und auf projizierte Bedürfnisse beruhten. Nun wird unserem Seelenwesen bewusst, dass die Liebe ein ununterbrochener Strom seitens der höchsten Natur ist und die Christus - Essenz enthält. Man kann sagen, die Seele legt sich zwischen

Herz und Verstand, um so einen Verbindungsweg zwischen Liebe und Weisheit zu erschaffen.

Nur so ist es der Seele möglich ein Netzwerk des Lichts zu errichten, mit anderen Menschen und der Welt.

Der Weg zur inneren Mitte

Nachdem die Seele die Qualitäten der Liebe und Weisheit vereint hat, geht sie zur nächsten Aufgabe über, *bei der es darum geht, ein Tätigkeitsfeld, in uns zu erschaffen, in dem die neuerworbene Seelenliebe Ausdruck finden kann.* Es ist die Phase, in der wir Lebenserfahrungen sammeln und diese gesammelten Erfahrungen im rechten Licht betrachten. Wir lernen die Gegensätze (Polarität) und die Zweiseitigkeit (Dualität) zu durchschauen und wir entwickeln zunehmend mehr ein intelligentes Handeln bei tatkräftiger Arbeit auf der physischen Ebene. So schaffen wir die Voraussetzung dafür, dass unsere Gegensatzpole (Seele und Körper) in einem späteren Prozess verschmolzen werden können. Wir erhalten immer wieder Hinweise darauf, dass die Weisheit des Geistes nur in den Tiefen unseres Inneren zu finden ist, jedoch versteht unser Verstand noch nicht die Zeichen. Erst wenn wir über ein gereiftes Denken und eine gut entwickelte Intuition verfügen, können wir die universellen Weisheiten verstehen. Auf dieser Lernebene geht es viel darum, richtig und falsch zu unterscheiden und weil das Persönlichkeitsbewusstsein noch nicht vollständig mit dem Seelenbewusstsein verschmolzen ist, vergessen wir oft, dass in den vorherigen Lektionen erworbene Wissen, was uns vorübergehend in alte Muster zurückfallen lässt. Dadurch wird die Seele aufgehalten, geschwächt und ihrer Kraft beraubt, was uns zweifeln und verzweifeln lässt. Hütet euch vor den vielfältigen, irreführenden Lehrmeinung selbsternannter Eingeweihter, denn durch diese Menschen, wird unsere Persönlichkeit eine Gefangene falscher Versprechungen und Täuschungen, auf dem Feld illusionärer Spiegelungen des Geistes, in der materiellen Welt.

Hab Vertrauen in die Liebe, denn nur zu leicht kann es geschehen, dass uns Impulse erreichen, die uns zweifeln lassen. Zweifel an uns selbst und an Andere. Auch wenn wir glauben, dass wir Fortschritte auf dem Weg der Selbsterkenntnis gemacht haben, können wir, bei Unachtsamkeit – oder in Momenten der Unbewusstheit wieder in das Gefühl des Entsorgt - Seins hineinfallen. Ein Zustand den wir aus der Vergangenheit kennen. Entwickelt sich hieraus noch Wut, die sich nach Außen richtet oder gegen uns selbst richtet, so fallen wir in eine dichte Energie, die gegen das Leben wirkt. Bleiben wir unbewusst, begeben wir uns in jene Spirale der Energie, die uns auffordert zu kämpfen um die Macht in unserem Leben zu behalten. Wir glauben, dass wir etwas verteidigen müssen, was Andere uns verweigern. Wir begeben uns in Energiebereiche, in denen wir Andere für unser Dilemma verantwortlich machen und geben somit unsere Macht ab. Leider begegnen wir im Alltag immer mal wieder Situationen, mit denen wir nicht einverstanden sind und die uns manchmal auffordern unser Herz zu verschließen. Manchmal werden wir auch aufgefordert eine Last zu tragen, die nicht Unser ist. Jenes subtile Gefühl, welches uns an uns selbst zweifeln lässt, oder eine Schuld im Anderen sucht, fordert uns auf, unser Herz und unsere Liebe für uns selbst wieder zu öffnen. Ein liebevoller Gedanke reicht oft aus um aus dieser Abwärtsspirale auszusteigen. Wenn wir die Liebe wieder annehmen können wird das aufgelöst, was uns leiden lässt. Es wird sich auflösen, was uns veranlasst hat, an uns selbst zu zweifeln, Andere zu kritisieren, zu verurteilen und wir erkennen, dass alle Gefühle, die uns in der Dichte erreichen aus der Angst entstehen, sich nicht angenommen, ungeliebt oder abgelehnt zu fühlen. Die Erlösung besteht darin, auszusteigen aus dem Kampf des materiellen - weltlichen Begehrens und in der Hinwendung jener Energien, die den Seelenwachstum wahrhaft dienlich sind. Nur so gelangen wir wieder in den Prozess der Freude, die der Seelenentwicklung innewohnt.

In dieser Freude und Liebe erfahren wir wieder vollstes Vertrauen zu uns selbst und der Quelle und erkennen, dass wir die wahre Macht in uns Selbst tragen. Es ist so wichtig den Geist zu klären, von Gedanken, die der Entwicklung der Seele entgegenstehen und ihn zu füllen mit der Liebe unseres wahren Seins. Viel zu lange haben wir uns auf eine Macht eingelassen, die nicht Liebe war. Doch der Nebel lichtet sich und es tritt ein Wandel ein, der sich im inneren vollzieht und uns erkennen lässt, dass es nur die Liebe ist, der wir vertrauen können. Es sind die Ängste und Zweifel, die sich vor die Wahrheit schieben und uns von der Liebe des wahren Seins der Seele abschneiden. Von der geistigen Welt ist diese Trennung gewollt, weil wir materielle Erfahrungen sammeln sollen. Großes Leid und Kummer gehörte jedoch nicht zum Plan und doch ist es geschehen. Es wird uns Sehnsucht, Kraft, Mut und Hoffnung gegeben, um uns zu befreien, von dem, was uns auferlegt ist. Um in Liebe Lösungen zu finden.

Die Seele wird wieder erwachen und sich befreien aus der Welt der pseudogeistigen Verblendung. Hier kommt der Zeitpunkt, an dem die Seele zum ersten Mal zu uns spricht : „ Lerne dienen und helfe denen, die Not leiden". Durch das aktive Handeln für Andere, gibt es keine Verzögerung mehr auf dem Seelenweg. Wir lernen das Leid der Welt kennen und sind dazu bereit, dieses Kreuz, auf unseren

Schultern zu tragen. Durch „ Geben" aus dem Herzen, wird die Leuchtkraft unseres Willens allmählich zum Christuslicht gelenkt, dass uns im Bewusstseinszentrum des ätherischen Herzens schon lange erwartet. Auf der physischen Ebene werden Mangelzustände ausgeglichen, denn Geben und Fülle sind Eins. Das Leben beginnt zu fließen und durch diese Bewegung wird weiterer Wachstum geschehen.

Aus unserem erwachten ätherischen Herzen wird Demut in unser Leben fließen. Aus unseren physischen Bewusstsein heraus, brachten wir einst die Demut in Verbindung mit Demütigung, Unterdrückung und Selbsterniedrigung, so empfinden wir sie, aus unserem neuerworbenen Seelenbewusstsein, als wahre Tugenden für Dankbarkeit und Mut. Wahre Dankbarkeit öffnet die Seelenebene für den natürlich Fluss der Dinge und ist eine wichtige Grundlage, für die weitere Entwicklung unserer Seele. Je mehr wir unsere Achtsamkeit auf Dankbarkeit und Demut richten, umso mehr vertieft sich das Gefühl ein Beschenkter zu sein. Wir fühlen uns geborgen, behütet und genährt in der Schöpfung Gottes.
Wir gewinnen immer mehr an Vertrauen in das Wirken einer höheren Wirklichkeit und gelangen zu der Überzeugung, dass wir ein Teil des kosmischen Ganzen sind.

Wir können nicht mehre Tugenden auf einmal entwickeln, doch haben wir eine der Tugenden in uns gefestigt, kann sich eine weitere Tugend daraus entwickeln. So kann aus Dankbarkeit und Demut absolutes Gottvertrauen geboren werden. Durch das Integrieren und leben der Tugenden im Seelen – und im physischen Bewusstsein, wird eine neue starke Energie und Kraft spürbar, die aus der Tiefe unserer selbst zu kommen scheint, und als wahre Lebensfreude erfahrbar wird.

Der bewusste Umgang mit dem Massenbewusstsein

Mit dieser Lebensfreude im Gepäck, immer noch nach innen gekehrt, schreiten wir zur nächsten Lektion, bei der es darum geht, **Seelenstabilität** zu erreichen, so dass aus unserer Seele und unserer Persönlichkeit eine wirkende Seele in unser Persönlichkeit entsteht.
Wir werden mit einer Kraft konfrontiert, die die gesamte physische Welt beherrscht, dem Massenbewusstsein. Dieses unbewusste Kraftfeld des Kollektivs beeinflusst unserer subjektives Denken und Fühlen. Das Massenbewusstsein wird uns immer wieder mit Emotionen, wie z. B. Angst, Zweifel, Wut, Trauer, Überlegenheit, Schuld, Wertlosigkeit, Rache, Eifersucht, Neid, Missgunst, Hochmut, Besserwisserei, Rastlosigkeit und Stress konfrontieren.

Da wir mittlerweile die Dualität durchschauen, wissen wir, dass diese, von den meisten Menschen, auf der physischen Ebene, tagtäglich gelebten Emotionen, nur die Kehrseite ein - und der selben Medaille sind. Nur durch die gut entwickelte Intuition, können wir diese Emotionen erhöhen und vergeistigen. Es ist keine einfach Aufgabe, denn lange Zeit haben wir uns mit dem Massenbewusstsein identifiziert und uns mit anderen Menschen verglichen. Auf diese Weise haben wir andere Menschen auf einen Podest gestellt und dadurch uns selbst erniedrigt. An unserem eigenen reden, können wir erkennen, wie sehr wir noch im dem Massenbewusstsein verankert sind ; benutzen wir Worte wie z. B. „man, die, soll, sollte, muss, müsste, wäre , könnte, würde, vielleicht und eigentlich", dann sprechen wir nicht aus unserer persönlichen Meinung, sondern aus der des Massenbewusstseins. Benutzen wir Worte wie Ich, Wir, Uns oder nennen einen Namen, dann sprechen wir aus uns selbst heraus und klinken uns aus dem Massenbewusstsein aus. Nun ist es unsere Aufgabe, durch aktive Intelligenz, die wir in der vorherigen Lektion erworben haben, dass trennende Ich – Bewusstsein zu überwinden und uns so den instinktiven Eingebungen, eines Denken mit dem Herzen, öffnen. So verbindet sich der Intellekt unseres Persönlichkeitsbewusstseins mit der Intuition der Seele und es gelingt uns, die o. g. Emotionen, mit denen wir immer wieder, durch das Massenbewusstsein, konfrontiert werden, zu transformieren in Liebe, Freude, Harmonie, Ausgeglichenheit, Ruhe, Verbundenheit, Vertrauen, Einigkeit und Mitgefühl. Wenn uns diese Transformation gelingt, verlassen wir das emotionale Feld der Materie und identifizieren uns nicht länger mit der Masse, an der wir instinktiv gebunden waren. Wir sind zum Seelenmenschen gereift und werden auf unserer weiteren Reise von geistiger Intuition geleitet.

Unser physisches Erdenleben wird zu einer Feier der Geheimnisse unseres wahren Seins. Die Bewusstheit um unser wahres Sein, lässt uns ein Leben in Liebe leben, in dem wir wahre Freude an uns selbst, an anderen Menschen, an Mutter Erde und dem Universum mit all seinen liebevollen Wesen haben. Auf dieser Bewusstseinsebene sind wir voller Achtung und Mitgefühl vor dem Leben. Durch diese innere Transformation sind wir aus der Illusion des Getrennt - Seins erwacht und erkennen die untrennbare Einheit mit allem was ist.

Durch das Licht des Christus, in uns, wird unsere Persönlichkeit erhellt und durch dessen Liebe und Wärme, werden diejenigen angezogen, die um uns sind.

Morphogenetische Felder

Lange Zeit unterlagen wir den großen Illusionen, die im Massenbewusstsein begründet waren. Wir nahmen Illusionen als Wahrheit an und lebten sie tagtäglich. Im globalen Massenbewusstsein sind u.a. alle Ängste gespeichert und über das morphische Feld holt sich unser Unterbewusstsein alle Informationen, die zu unserer Realität werden, weil wir sie für wahr halten. Im Laufe unserer fortschreitenden Seelenentwicklung entfernen wir uns immer mehr vom Massenbewusstsein und durch die wachsende Intuition lernen wir den bewussten Umgang mit dieser Quelle. Informationen, die wir für unsere Weiterentwicklung benötigen, erhalten wir in Form von Bildern, Worte, Empfindungen und Eindrücken. Jeder Mensch entwickelt sein persönliches Energiefeld (morphogenetisches Feld), welches durch wiederholte Gedanken und Gewohnheiten immer stärker wird. Deshalb ist es auch schwierig alte Gewohnheiten loszulassen, weil wir an diesen Energien gebunden sind.

Wir leben jetzt in einer Zeit, in der es der einzelnen Seele leicht gemacht wird aus dem Gitternetz des kollektiven Bewusstseins auszusteigen. Unser Planetensystem verlässt, seit Jahrtausenden, einen niedrig schwingenden Bereich und durchreist nun eine höher schwingende Region, welches eine Auswirkung auf das magnetische

Feld der Erde hat und somit auch auf das Bewusstsein der Menschen.

In Anbindung an das Christusbewusstsein können wir die neuen Energien steuern und uns diese, im guten Sinne, zu nutze machen. Wir können bewusst durch die Kraft unserer Gedanken, Energiefelder formen und lenken und dadurch kommt ihnen, hinsichtlich unserer spirituellen Entwicklung, eine ganz besondere Bedeutung zu. Wenn wir liebevolle Gedanken verinnerlichen und den Glauben an Einheit verstärken, werden wir Lichtschwingungen anziehen, die Transformation ermöglichen.

Aus alten religiösen Überlieferungen wird uns mitgeteilt „*Meide die Vielen und suche das Eine und wenn du es gefunden hast, umarme die Vielen als das Eine"*.
Durch die Abnabelung vom Massenbewusstsein, begehen wir den Weg der Selbsterfahrung, der Selbsterkenntnis, mit dem Ziel der Selbstverwirklichung und haben wir die authentische Selbstverwirklichung erreicht, spüren wir eine unglaubliche Erkenntniskraft. Wir erkennen, dass das Geistige und Materielle, Himmel und Erde, Gott und die Welt, nicht zweierlei sind. Die Leere ist nichts anderes als die Form, und Form nichts anderes als Leere und so erscheint in und durch die Leere, die Welt der Formen, als ein ebenso wundervoller Ausdruck des Geistes, wie die Leere. Es wird uns offenbar, dass dieser Erkenntnisweg

noch lange nicht das Erreichen des wahren Zieles bedeutet, sondern wir erahnen, dass dieser Aspekt von Erleuchtung, mit Entwicklung und Tätigkeit in der Welt zu tun hat. Uns wird bewusst, dass die Erleuchtung keine „Ich Angelegenheit" ist, sondern sich auch im „Wir" im Miteinander und im Gebrauch von Gegenständen niederschlägt, so erhalten wir Impulse der Seele, uns bewusst in Gruppen zu integrieren.

Gruppenbewusstsein

Diese Lernphase der Seele ist u.a. dadurch gekennzeichnet, dass es uns immer wieder nach Außen zieht, um uns verschiedenen Gruppen anzuschließen, auf der Suche nach Gelegenheiten, bewusst als Individuum in einer Gruppe zu interagieren.

Durch den Schritt zur Gruppe werden wir aus dem Käfig unseres individuellen Lebens befreit und beginnen, uns mit dem einen Bewusstsein zu vereinigen, durch das Viele tätig sind. Eine Gruppe ist eigentlich nichts anderes als eine Gruppierung einiger individueller Seelen um ein Konzept. Auf unserem spirituellen Pfad dürfen wir nicht außer acht lassen, dass das gesamte Leben spirituell ist, d.h., dass sich das Familienleben, Berufsleben und das gesellschaftliche Leben innerhalb des spirituellen Lebens abspielt. Oft wird mehr Arbeit in Richtung Gruppenbewusstsein außerhalb als innerhalb einer spirituellen Gruppe geleistet, weil jede Arbeit, ob zu Hause oder im Geschäft, bezieht das Arbeiten mit anderen Menschen mit ein. Letztendlich ist es für uns wichtig, dass wir die grundlegende Einheit aller Gruppen erkennen, ungeachtet des Namens, des Ortes und der Qualität. Wenn wir erkannt haben, dass wir planetarische Mitschöpfer sind und wir verstehen, wie es ist, gemeinsam zu erschaffen und uns zu entwickeln, gemeinsames Erschaffen in bedingungsloser Liebe, dann ist das höchste Ziel im Gruppenbewusstsein erreicht.

Wenn wir diese Prüfungsarbeit erfolgreich abgeschlossen haben, gehen wir als Einzelwesen, den Weg der Erprobung alleine weiter.

Der physische Körper ist nun von der Seele durchdrungen und vom inneren Licht erhellt. Durch den Drang des inneren, lichten Christuslebens werden wir angespornt erneut in der Masse unterzutauchen, um uns dann mit der Menschheit als Ganzes, mit der vereinten Gruppe der Seelen, zu identifizieren.

Wir sind in Kontakt getreten mit unserem höheren Selbst, jenes spirituellen Wesens, welches den geistigen Willen mit Liebe vereint. Nur durch die Verbindung mit dem höheren Selbst, mit dem Seelenbewusstsein, können wir Selbsterkenntnis und Selbstverwirklichung erfahren.

Selbsterkenntnis und Bewusstseinsebenen

Durch die Erfahrung unseres Selbst fühlen wir, dass wir in einem Körper gefangene Wesen sind, die über einen langen Zeitraum in einem, auf das Ego gerichtete Bewusstsein, gelebt haben. In dem niedrigen Bewusstsein erlebten wir uns selbst als Mittelpunkt und die Welt, im Außen, um uns herum.

Die Ebene des niedrigen Bewusstseins, war die Ebene der Probleme. Hier haben wir uns aufgerieben, glaubten um jeden Schritt im Leben kämpfen zu müssen. Je stärker wir kämpften, umso mehr hielt uns das Problem gefangen. Das Erkennen und Durchschauen dieser niedrigen Ebene, weitet unser Bewusstsein und unser Blick geht über die Probleme, die nur in der Dichte entstehen hinaus und wir bekommen mehr Klarheit. Das Gefühl ständig um alles kämpfen zu müssen tritt in den Hintergrund. Den Ängsten, die einst unsere Leben bestimmten, treten wir realistisch entgegen und wir fühlen keine innere Zerrissenheit mehr. Diese neue Bewusstseinsstufe ist dadurch gekennzeichnet, dass uns zunehmend das Gefühl erreicht, von unsichtbaren Kräften geführt zu werden und wir nähern uns immer mehr, den Dingen, die wir uns im Leben wünschen.

Bewusstseinserweiterung in der Partnerschaft

War die Liebe einst durch die Begrenzung an Emotionen
gebunden, so erahnen wir plötzlich eine neue Qualität der
Liebe, die nichts mit Kontrolle, Eifersucht und Ängsten zu
tun hat. Auch in der Beziehungen erwacht das erweiterte
Bewusstsein und möchte eine tiefere Ebene erfahren, auf
der Liebe und Verständnis keinem können. Die Zeit der
gegenseitigen Vorwürfe ist vorbei – vielmehr nutzen wir
die Nähe des Partners um zu verstehen und verstanden zu
werden. Der Verfall einer Beziehung ist dann gegeben,
wenn nur einer, innerhalb einer bestehenden Beziehung
erwacht und den neu empfundenen Impulsen der Seele
folgen möchte. Doch wenn Beide verstehen, dass
einfließende Emotionen, nichts anderes waren als
gewohnheitsmäßige Reflexe, die aus einem
eingeschränkte Bewusstsein resultierten und sich durch
Ausdehnung verändern lassen, wird der Wunsch
entstehen, sich gemeinsam weiter zu entwickeln und zu
wachsen. Es wird erkannt, dass die vorherig empfundene
Liebe, die sich nur auf den Partner richtete, eine Liebe war,
die nur auf die Befriedung des eigenen Selbst ausgerichtet
war, denn auch wenn die Liebe durch den Partner erweckt
wurde, verliert man den Anderen und empfindet nur noch
sich selbst. Diese Erkenntnis setzt eine tiefgehende
Ehrlichkeit voraus und die Bereitschaft, an den eigenen

Motivationen und Emotionen zu arbeiten. Auf dem Weg zur Selbsterkenntnis und durch ein erweitertes Bewusstsein, wird uns klar, dass das, was wir für Liebe hielten, keine Liebe war, sondern der Wunsch zu lieben und geliebt zu werden, mit der Bereitwilligkeit alles zu tun, um dieses Gefühl zu erlangen und sich dann im eigenen Inneren wohler zu fühlen. Nur durch die Befreiung und Ausdehnung des Seelenbewusstseins lernen wir eine andere Qualität der Liebe kennen, die uns wahrlich lebendig werden lässt. Durch diese Liebe erfassen wir, dass Sexualität und Anziehung zwischen den Partnern auch eine geistige Entsprechung hat, nämlich die Vereinigung zwischen Persönlichkeit und Seele und in einem späteren Prozess, die Vereinigung zwischen Seele und Geist.

Durch die Erfahrung einer höheren Form der Sexualkraft gerät das Interesse an dem physischen Geschlechtsakt in den Hintergrund.

Der Geschlechtsakt wird lediglich zur Fortpflanzung und als ein physisches Bedürfnis der biologischen, triebgesteuerten Natur betrachtet. Liebe und Hingabe werden nicht mehr auf den Partner projiziert, sondern durch die Anbindung an die geistige Welt erhalten wir eine Antwort, die um so vieles reiner, tiefer, höher, ergebener und erleuchteter ist, als jene Liebe die Mann und Frau einander anerbieten können. Wenn der eine Partner die lebendige Gegenwart des anderen Partner in seinem heiligen Herzen spürt, dann wird die Göttlichkeit des Einen, sich im Leben des Anderen widerspiegeln und hierin wird die unendliche Flut der Freiheit erlebt. Nur durch das Verschmelzen zweier Seelen findet wahre Vereinigung statt. Um dieses zu erreichen, müssen beide Partner ein gewisses spirituelles Niveau erreicht haben. Beide haben ihr inneres Wesen mit dem Göttlichen vereint und so erfahren sie die allerfüllende Wonne, die unsterbliche Glückseligkeit.

Die sexuelle Energie ist die Kraft der Liebe Gottes, sie ist die Schöpferkraft, die wir Menschen auf der Erde dosiert, in Form von Lebensenergie spüren. Das Spiel mit diesen Energien nennen wir Schöpfung und durch den richtigen Umgang mit diesen Energien, werden wir bewusst zum Schöpfer unseres eigenen Lebens. Die Schöpferkraft der Sexualenergie in Kombination mit der Liebe ist ein wunderbares Werkzeug, innerhalb einer Partnerbeziehung, sich gemeinsam aus der gedankenleeren und gefühlsarmen Welt der Formen heraus – in eine geistige Vollkommenheit hinein zu entwickeln. Zwei im Herzen, durch göttliche Liebe verbundene Menschen, entwickeln das Verlangen nach Einheit und dieses Verlangen geschieht in vollkommener Absichtslosigkeit. Das Streben nach Einheit ist ein natürlicher Prozess, in dem Körper,

Geist und Seele in Resonanz geraten mit den Schwingungen des höheren Selbst. Auf dieser Ebene ist Sexualität ein heiliges Feuer der Liebe, in dem zwei Pole miteinander verschmelzen. Durch die heilige Sexualität erfahren wir eine Rückverbindung zu unserem Ursprung. Die Seele kennt diesen erfüllenden Zustand und fordert uns auf, durch das Gefühl der Sehnsucht, unser Herz zu öffnen und der bedingungslosen Liebe entgegen zu gehen, denn nur mit der wahren Liebe im Herzen können wir die heilige Sexualität erfahren. Nur durch das Einheitsgefühl mit Gott, kann unsere Seele das Einheitsgefühl mit dem Partner und anderen Menschen herstellen. Es ist so wichtig, dass wir zu unserer Ursprünglichkeit zurückfinden, um Herz und Sexualität wieder miteinander zu vereinen. Endlich wieder alle Gefühle fühlen zu dürfen und diese mit einem entschiedenen „Ja" zu uns selbst zu verbinden, ist der Weg in die Heilung und führt zurück zur Unschuld unseres sexuellen Wesens und zur Fülle unserer Liebesfähigkeit.

Eine Zweierbeziehung ist immer ein Ort der Wahrheit, weil sie größte seelische Nähe bedeutet.
Wir „ Erkennen" den Partner und „Erkennen" uns selbst in ihm. Es gibt nichts, was stärker, kostbarer und nachhaltiger wäre, als die Seele des Partners kennenzulernen. Wir alle neigen zu illusionären

Vorstellungen, wie der andere zu sein hat und stellen nicht selten fest, dass der Mensch in den wir uns verliebt haben, nicht unseren Ego – Vorstellungen entspricht. Auf diese Weise enthüllt sich das Verliebtsein als ein „Zustand" ähnlich wie Fieber, der schnell wieder verschwindet. Wir verlieben uns in unsere eigenen inneren Bilder, aber nicht wirklich in einen anderen Menschen. Aber liebst du einen Menschen so wie er ist, so wie du ihn als wahr erkannt hast, liebst du ihn um seinetwillen und damit bereitest du ihm das größte Geschenk. Die wahre Liebe zwischen zwei Menschen beinhaltet auch die größte Freundschaft, denn das vertraute Freundschaftliche gibt der Liebe den Raum um sich voll und ganz entfalten zu können. Den Partner mit Licht und Schatten zu erkennen und ihn trotzdem zu lieben bedeute Heilung aus tiefsten Herzen. Es gibt nichts schöneres als die Wahrheit des anderen zu lieben, wenn der andere auch unsere Wahrheit liebt.

Der im niedrigen Selbst lebende Mensch folgt seiner Lust und so kann er das Gewohnte nicht lieben. Das Neue ist reizvoller als das, was er hat, so begibt er sich auf eine endlose Suche nach dem großen Glück. Dieser Mensch liebt seine Träume, mehr als das was er hat und bemerkt nicht, dass das die Energie Leben stärker ist als sein Traum. Man kann sagen, er liebt seinen Mangel mehr als das Leben, so wie es sich ihm zeigt.

Doch der Mensch im Seelenbewusstsein erlebt die liebende Zweisamkeit als Abenteuerreise des Geistes, als eine Hochzeit auf dem Altar der Wahrheit und der Wirklichkeit – in größter Freude und Glück. Die Liebe der Seele ist der Feind des Verstandes und für das Ego eine große Gefahr, doch diese Liebe enthält den göttlichen Auftrag. Es war der Auftrag Jesu uns diesen göttlichen Aspekt der Liebe zu lehren, doch leider haben wir ihn nicht verstanden. Die göttliche Liebe ist für unseren Verstand ein Widerspruch in sich „ liebe deine Feinde" warum soll unser Verstand etwas lieben, was er sich selbst erschafft ? Aber wir haben die Möglichkeit den Verstand zu durchschauen und zu erkennen, dass er jene Instanz ist, die uns von wahrer Liebe trennt. Ein Bewusstsein auf Seelenebene kennt keine Feinde – es kennt nur Einheit und Liebe.

Eine in Liebe geführte Partnerschaft kann unseren Geist aus den Fängen des niedrigen Selbst befreien und gemeinsam können wir die Fessel lösen, die uns in der Dichte gefangen halten.

Das geöffnete Herz und die Wahl hochschwingender, liebevoll gesprochener Worte, pflegt und nährt die Liebe und lässt sie über unsere begrenzte Persönlichkeit hinauswachsen, ins Seelenbewusstsein hinein.

Deine Liebe ist
wärmend, vertraut und wunderschön
Deine Liebe hüllt mich in einen Schleier voll Hoffnung
sie ist Antrieb und Kreation.
Deine Liebe ist sanft, behutsam und Einklang
eine Reise in eine andere Dimension.
Deine Liebe ist Heilung – sie ist meine alltägliche
Begleiterin.

Mit dir in Liebe sein ist Schwerelosigkeit, in der Raum und
Zeit verschwindet.
Es ist ein Loslassen und Zulassen zu gleich –
ein sich fügen in den universellen Plan der Liebe.
Mit dir in Liebe sein ist Verbundenheit und Transformation

Unsere Liebe ist von Empfindsamkeit geprägt und für ein
Wunder zu vielschichtig
Mit dir in Liebe sein verstärkt die Liebe zu allem was ist.

Danke für deine Liebe mein wundervoller Engel !

Uns ein zauberhaftes Wochenende in Licht und Liebe

Uns hat niemand die Liebe gelehrt und ich glaube, dass es nur ganz wenig Menschen gibt, die sie uns lehren könnten. Es ist wohl eine Frage des inneren Reifestandes, ob ein Mensch wahre Liebe erfährt oder nicht.

Die Liebe liebt einfach. Sie ist unschuldig, einfach, natürlich und spontan. Das Blut in unseren Adern ist die physische Entsprechung der Liebe. Blut will fließen um uns am Leben zu erhalten und genauso verhält es sich mit der Liebe. Wenn die Liebe nicht aktiv fließt erleiden wir eine eingeschränkte Lebensqualität – vergleichbar des Blutes, wenn es am Fluss gehindert wird. Wir verbringen, in Beziehungen, viel zu viel Zeit damit an und selbst uns am Partner zu zweifeln, nach Gründen zu suchen, die gegen die Beziehung sprechen und auf Kontrolle aus zu sein. Nicht selten geht schnell Vertrauen und Respekt verloren und die Liebe wird kompliziert.

Liebe ist niemals eine Garantie, aber je mehr du dich ihr hingibst um so deutlich spürst du ihren Fluss. Bedenke, dein Partner kann dich zwar enttäuschen, aber Liebe kennt keinen Verlust nur Wandel. Die Botschaft, die die Liebe für uns in sich trägt, ist sich zu lieben, zu ehren, zu achten, zu respektieren und den Partner niemals zu schaden.

Jeder von uns kennt doch das Gefühl vom Partner verletzt zu werden oder das wir uns plötzlich wertlos fühlen, doch hat dieses weder mit dem Partner noch mit der Liebe zu tun, sondern mit unserem eigenen verletzten niedrigen Selbst, dem Ego. Doch auch hier wirkt die Liebe, in magnetischer Weise, in dem sie tiefliegende Verletzungen an die Oberfläche holt. Lässt du dich in Demut auf dein eigenes Thema ein, anstatt auf den Partner wütend zu sein, dann spürst du deutlich, wie dich die Liebe durchfließt. Spüre dich durch deinen eigenen Widerstand und durch den deines Partners hindurch, wende dich von Feindseligkeit ab, öffne dein Herz und lass die Liebe fließen. Es ist egal um welche Emotion es sich handeln mag, entspanne dich durch sie hindurch, denn es gibt keinen anderen Weg in die Liebe. In einer Seelenverbindung geht es immer um wahre Hingabe - um das ursprüngliche Verlangen, wahre Liebe zu geben und zu empfangen. Es sollte uns bewusst werden, dass wir Menschen das Potenzial bedingungsloser Liebe in uns tragen und sie auch einsetzen können. Es ist nur unsere Denkweise, die den Fluss der Liebe behindert.

Lass die Liebe fließen

Es ist ein erhebender Moment, wenn du die Göttlichkeit in deinem Gegenüber erkennst. Du spürst eine Lebensfreude als Energie, die Körper und Seele heilt. Wenn aus dem Ich und Du ein Wir wird, dann seit ihr mit dem göttlichen Band der Liebe verbunden. „ Ich sehe Dich" bedeutet, ich erkenne Dich in Mir. Jeder Mensch trägt dieses schöpferische Liebesbewusstsein in sich und sehnt sich sein Leben lang nach dieser fließenden Liebe. Jedoch ist dieses Liebesbewusstsein im niedrigen Selbst des Persönlichkeitsbewusstsein nicht erfahrbar, weil auf dieser niedrig schwingenden Ebene die Einheit mit Gott nicht spürbar wird, welches aber die Voraussetzung für eine dauerhafte Verschmelzung ist. Nun tragen wir alle diese Ur – Sehnsucht in uns und sie sollte ein Wegweiser sein, dem wir bedingungslos folgen sollten. Es ist erschreckend, zu sehen, wie sich manche Menschen gegen ihre eigene Sehnsucht wehren, in dem sie glauben, sie wären zu dick zu dünn – zu alt zu jung etc. um liebenswert zu sein. Jedoch ist die Selbstliebe, die du nach Außen lebst der Spiegel für Andere und die Basis dafür, deine liebende Lebensenergie fließen zu lassen. So wie wir jetzt sind, sind wir gut und richtig, denn die Seele verliebt sich niemals in körperliche Eitelkeiten. Das Seelenauge erblickt nur das Maß an Liebe, dass du für dich selbst empfindest. Nur die Seelenliebe ist die verbindende Kraft zwischen Dir, Gott und Anderen.

Wie lange haben wir Ausschau gehalten nach dem vermeidlich idealen Partner, der uns die vollkommen Liebe spiegelt, ohne einen Gedanken dran zu verschwenden, erst einmal selbst zu dieser Liebe zu werden. Viel Zeit vergeht bis wir erkennen, dass wir es selbst in der Hand haben

Licht und Liebe in unserem Leben erfüllend erleben zu können. Selbstverständlich kannst du darauf warten den idealen Partner für dich zu finden, der zu deinem Ego passt, aber glaub mir, auf kurz oder lang wird die Ur – Sehnsucht, wieder in dir erweckt und das Spiel beginnt von Vorn. Wenn wir nun endlich damit aufhören den besten Partner für uns zu suchen und anstelle dessen zum wunderbarsten Partner werden, dann sind wir auf dem Weg, auf dem die Ur – Sehnsucht Erfüllung findet.

Es ist uns Menschen gegeben innerhalb einer Partnerschaft die Glückseligkeit gemeinsam zu erleben. Wenn du deinen Partner aus deiner Selbstliebe heraus, mit deiner Liebe umhüllst und dein Partner aus seiner Selbstliebe heraus dich mit seiner Liebe umhüllt, könnt ihr Einheit und Verschmelzung erleben, die durch die Gegenwart Gottes geschieht. Du spürst Gott in dir und das du ein Teil von ihm bist. Durch dieses Liebesband bist du mit deinem Partner verbunden. Eine Partnerschaft kann nur in der Bewusstheit um die göttliche Einheit zur tiefgehenden Seelenpartnerschaft führen. Gemeinsam mit dem Partner den Seelenweg zu gehen ist ein großes Geschenk des Lebens.

Die Liebe liebt einfach. Sie ist unschuldig, einfach, natürlich und spontan. Das Blut in unseren Adern ist die physische Entsprechung der Liebe. Blut will fließen um uns am Leben zu erhalten und genauso verhält es sich mit der Liebe. Wenn die Liebe nicht aktiv fließt erleiden wir eine eingeschränkte Lebensqualität – vergleichbar des Blutes, wenn es am Fluss gehindert wird.

Wir verbringen, in Beziehungen, viel zu viel Zeit damit an und selbst uns am Partner zu zweifeln, nach Gründen zu suchen, die gegen die Beziehung sprechen und auf Kontrolle aus zu sein.

Nicht selten geht schnell Vertrauen und Respekt verloren und die Liebe wird kompliziert.

Liebe ist niemals eine Garantie, aber je mehr du dich ihr hingibst um so deutlich spürst du ihren Fluss. Bedenke, dein Partner kann dich zwar enttäuschen, aber Liebe kennt keinen Verlust nur Wandel. Die Botschaft, die die Liebe für uns in sich trägt, ist sich zu lieben, zu ehren, zu achten, zu respektieren und den Partner niemals zu schaden.

Jeder von uns kennt doch das Gefühl vom Partner verletzt zu werden oder das wir uns plötzlich wertlos fühlen, doch hat dieses weder mit dem Partner noch mit der Liebe zu tun, sondern mit unserem eigenen verletzten niedrigen Selbst, dem Ego. Doch auch hier wirkt die Liebe, in magnetischer Weise, in dem sie tiefliegende Verletzungen an die Oberfläche holt. Lässt du dich in Demut auf dein eigenes Thema ein, anstatt auf den Partner wütend zu sein, dann spürst du deutlich, wie dich die Liebe durchfließt. Spüre dich durch deinen eigenen Widerstand und durch den deines Partners hindurch, wende dich von Feindseligkeit ab, öffne dein Herz und lass die Liebe fließen. Es ist egal um welche Emotion es sich handeln mag, entspanne dich durch sie hindurch, denn es gibt keinen anderen Weg in die Liebe. In einer Seelenverbindung geht es immer um wahre Hingabe - um das ursprüngliche Verlangen, wahre Liebe zu geben und zu empfangen. Es sollte uns bewusst werden, dass wir Menschen das Potenzial bedingungsloser Liebe in uns tragen und sie auch einsetzen können. Es ist nur unsere Denkweise, die den Fluss der Liebe behindert.

Gotteserkenntnis

Wir alle leben im All – Einen Göttlichen Bewusstsein, welches im Zuge des sich ewig fortzeugenden Lebens unzählige und vielfältige Lebensformen erschafft, die den Göttlichen Schöpfungsprozess in kleinerem Maßstab wiederholen. So ist Gott das allumfassende eine Leben, das sich in der unendlichen Weite des Alls manifestiert und sein Wesen offenbart sich in jeder Lebensform bis hinunter zum kleinsten Atom. Wir Menschen sind in unserem begrenzten Bewusstsein noch nicht in der Lage, dieses allumfassende Leben und Wirken zu erfassen, weil wir nur kleinste Bewusstseinseinheiten in einem gigantischen Meer Göttlichen Bewusstseins sind. Da wir als Ebenbild Gottes geschaffen wurden, als dreifaches Wesen bestehend aus Körper, Geist und Seele, sind wir Göttlich auf unserer Bewusstseinsebene, denn die Zellen unseres Körpers leben und wirken im Rhythmus Seines Bewusstseins. Die menschliche Seele ist das Bewusstsein Gottes in der Materie und in der eigenen Seele erfahren wir stufenweise Selbsterkenntnis, indem wir uns über unser Ego und Persönlichkeitsbewusstsein hinaus ausdehnen und uns als Teil des Göttlichen Lebens wahrnehmen. Diese Selbsterkenntnis geschieht dadurch, dass wir die drei Teile unseres Wesens - Körper – Geist und Seele nacheinander bewusst erfahren und schließlich zu einer Einheit verschmelzen. Solange sich das menschliche Bewusstsein mit der Formnatur identifiziert, bleibt das Göttliche in ihm vollkommen verhüllt und unentdeckt. Der Weg zur Gotteserkenntnis ist ein Weg der stufenweisen Bewusstseinserweiterung von einer kleinen begrenzten Selbstheit zu einer immer größer werdenden Selbstheit, die jeweils Teil eines größeren Selbstbewusstseins ist, bis hin zum absoluten Selbst, dem allumfassenden Bewusstsein unseres gesamten Universums.

So führt uns unser Entwicklungsweg aus dem begrenzten Persönlichkeitsbewusstsein (Ego) heraus und ins Seelenbewusstsein hinein (Gruppenbewusstsein) mit dem Ziel, in das Einheitsbewusstsein (Geist) einzutauchen. Beide Stufen der Selbsterkenntnis müssen durchlaufen werden, bevor wir in das Bewusstsein Gottes eindringen können, was uns bisher nur in der Spiegelung der Weltereignisse möglich ist, doch es ist Gottes Wunsch, dass wir Menschen Selbsterkenntnis erfahren, denn darin liegt die Gotteserfahrung.

Seelen und Engel

Seelen wurden vom Schöpfer erschaffen, um, als sich selbstbewusste Wesen, die das Leben, die Liebe und die grenzenlose Vielseitigkeit, des allumfassenden, alldurchdringenden Bewusstseins zu erforschen. Seelen haben den Auftrag möglichst viele facettenreiche Erfahrungen zu sammeln, damit das allumfassende Bewusstsein sich selbst versteht, erlebt und erkennt. Aus diesem Grund sind Seelen auf einer ewig andauernden Forschungsreise. Das Wissen einer Seele ist abhängig von Erfahrungen und Erkenntnissen, die sie in den dichten Realitäten sammeln konnte. So haben nicht alle Seelen den gleichen Wissens – und Reifestand. Seelen leben in Seelenfamilien, die ihrer individuellen Reife entsprechen. Je mehr Wissen, Weisheit und Erfahrung an Liebe eine Seele sammeln konnte, desto lichter und höherschwingend wird ihr Geist. Eine Seele schließt sich immer einer Familie an, die ihrer Schwingungsrate entspricht. Alle Erfahrungen und Fähigkeiten werden im Gruppengeist einer Seelenfamilie gespeichert. Den Gruppengeist der Seelenfamilien aus den hohen Dimensionen nennen wir Engel. Ein Engel verfügt über kein eigenes Seelenbewusstsein, aber ist dennoch ein eigenständiges hochenergetisches Wesen – wir können sagen, ein Engel ist das Gesamtbewusstsein einer Seelenfamilie – er/ sie (androgyn) kann auf das gesamte Wissen einer Seelenfamilie zugreifen um es an andere, unreifere Seelen oder an uns Menschen weiterzuleiten. Je höher die Dimension der Seele, desto größer und kraftvoller ist ihr Schöpferpotential, aus dem sie alles erschafft, was sie sich vorstellen kann. Das Wünschen auf Seelenebene geschieht immer aus Liebe zur Gemeinschaft – es wird gewünscht, was dem Wohle aller dient. Jede Seelenfamilie steht mit allen anderen Seelenfamilien in Verbindung, aber jeder Verbund hat sein eigenes Thema. Das Bewusstsein der hohen Hierarchien von Seelenverbänden nennen wir Menschen Erzengel und haben ihnen Namen und Themen zugeordnet. Die Engelhierarchien sind Selbstständig denkende Bewusstseinsfelder im allumfassenden Ich Bin, wodurch das All – Bewusstsein sich selbst erfährt. Diese Bewusstseinsfelder sind alle miteinander verwoben, welches wir dann als hohes Selbst bezeichnen, sie sind pure Lebensenergie, außerhalb von Raum und Zeit, voller Liebe und Schöpferkraft.

Das hohe Selbst besitzt soviel Energie, dass es sich in weitere Teil aufspalten kann, um neue Seelen in Existenz zu rufen. Die neuen Seelen sind sich selbstbewusste Wesen, die aber ihren Schöpfer nicht kennen und wissen auch warum sie erschaffen wurden. Sie nehmen sich sich als Lichtsphäre wahr, eingebettet in mitten eines Lichtmeeres – der Liebesenergie des
All – Einen.

Für uns Menschen ist es unvorstellbar, dass wir alle ein wichtiger Teil dieses wunderbar funktionierenden Planes sind.

Was uns von der Selbsterkenntnis abhält

Wenn wir in diese Welt geboren werden, sind wir an das Massenbewusstsein gebunden. Wir werden genährt von den morphogenetischen Feldern unserer Mitmenschen, die bereits über das Wissen verfügen, wie der Hase hier in der materiellen Welt zu laufen hat. Wir durchleben Kindheit und Jugendzeit, bewältigen die Schul – und Ausbildungszeit, steigen ein ins Berufsleben und gründen eine Familie. Wir sichern unser Hab und Gut aus Angst vor Verlust. Wir sind bereit, uns in blinden Aktivismus zu stürzen für mehr Ruhm und Geld. Wir sammeln Erfahrung auf der Ebene des niedrigen Selbst innerhalb unseres Persönlichkeitsbewusstseins, was sicherlich wertvoll und wichtig ist. Allerdings hängen die meisten Menschen Leben für Leben fest auf dieser Bewusstseinsstufe. Sie stellen die Wissenschaft auf einen Podest und Spiritualität wird ins Reich der Fabeln verbannt. Da die Wissenschaft bis heute nicht erklären kann, was Leben wirklich ist, wird ihnen für eine lange Zeit der Geistaspekt der Schöpfung nicht offenbar werden.

Erhebe ich mich und blicke aus der Ebene des Seelenbewusstsein auf das Streben der Menschen, so erscheint mir das irdische Treiben absurd. Was im niedrigen Selbst „Alles" zu sein scheint, ist aus Sicht der Seele nur ein kurze Episode, doch eine gute Chance für spirituellen Wachstum. Die Seele ist stets darauf bedacht, dass Erdenleben so intensiv wie möglich zu nutzen, denn jedes intensive Erleben ist ein Erfahrungsschatz und bringt uns unserer Göttlichkeit näher. Es sind die scheinbaren Sicherheiten und die Fülle an Verpflichtungen, die unsere Erlebnisfähigkeit in Grenzen halten. Aus Sicht der Seele ist materieller Reichtum nicht mehr als Staub, der uns im Bewusstsein des wahren Selbst keinen Nutzen bringt. Die seelische Entwicklung ist der einzige Reichtum der niemals verloren geht und nie an Wert verliert. Nutze das irdische Leben um dich auf eine höhere Bewusstseinsebene zu entwickeln. Dein Geist ist das

Einzige, was wirklich von Dauer ist und nie vergeht.

Der All – Wille (Gotteswille) bewirkt im gesamten Universum, dass das Eine Leben sich in viele Einzelteile trennt, die aber ständig danach streben zur Einheit zurückzukehren. Dieser Wille findet sich im Menschen als Drang nach Höherentwicklung wieder. Obwohl die meisten Menschen diesen Drang nach Ausdehnung und Veränderung spüren, verbleiben sie in ihrer aktuellen Situation. Wir können das Neue nicht definieren, wir wissen nicht, wie es sich anfühlt und können es nicht benennen. Das niedrige Selbst spielt uns Szenarien vor, in Form von visualisierten Bildern, die unangenehme Gefühle auslösen, die wir für wahr annehmen. Auch wenn die aktuelle Situation nicht die Beste ist, verharren wir in ihr, weil sie uns Bekannt ist und weil wir glauben, dass es schlimmer kommen könnte. Angst vor dem Unbekannten basiert immer auf Unwissenheit und fehlenden Gottvertrauen. Menschen

dessen Bewusstsein sich auf der Stufe des niedrigen Selbst bewegt, projizieren das Verlangen nach Ausdehnung auf die materielle Ebene. So kommt es nicht selten zum Kaufrausch - „mehr haben - mehr darstellen wollen". Das Verlangen mehr besitzen zu wollen, ist der Wunsch nach Ausdehnung innerhalb unseres Persönlichkeitsbewusstseins auf der Stufe des niedrigen Selbst. Dieses zu erkennen und für wahr anzunehmen ist ein bedeutender Schritt auf dem Weg zur Selbsterkenntnis. Oftmals wird diese Erkenntnis erst erreicht, wenn der Leidensdruck, innerhalb der aktuellen Lebenssituation, größer wird, als die Angst vor Veränderung oder Ausdehnung. Auch dieses ist ein natürlicher Prozess, in dem Leidensdruck und Ängste gewandelt werden in positive Erfahrungen.

Zu Beginn unserer bewussten Reise durch die eigene Gedankenwelt, werden wir mit den negativen Ur – Essenzen, wie Schmerz, Wut, Verwirrung, Eigennutz, Selbstsucht und Angst, konfrontiert - welche nach und nach in der Liebe aufgelöst werden dürfen. Wenn wir sie verdrängen, kommen sie unkontrolliert in unser Bewusstsein zurück, oder sie werden uns in schrecklichen Träumen offenbart. Es ist nicht leicht daran zu glauben, dass alle – und insbesondere die schrecklichen Bilder und Gedanken zu uns gefunden haben und den Zweck verfolgen, uns etwas zu lehren. Wir werden diese Bilder solange in uns tragen, bis wir die Liebe in uns selbst entdecken und in deren Essenz sie aufgelöst werden.

Im unbewussten Zustand, in dem wir die Liebe nicht entdecken können, folgen wir instinktiv der Trägerenergie der Lust. In der Sexualenergie bewegen wir uns fort und folgen unseren Trieben. So entdecken wir die Welt, sammeln Erfahrungen, ohne die Absicht zu erkennen, die dahinter steht. Leider hat uns niemand gelehrt unsere Triebe, ob materiell oder körperlich, zu kontrollieren. Auch wissen wir nicht, was Gedankenfreiheit bedeutet. Auf der Ebene der niedrigen Triebe, haben wir das Gefühl, dass immer nur der scheinbar Stärkere gewinnt. Ja, wir alle sind hierher gekommen um all das zu erfahren, aber vielmehr, um uns aus dieser niedrigen Ebene des Bewusstseins zu lösen und in ein weites Bewusstsein hinein zu wachsen - die wahre Liebe, trotz der dichten Ebene zu erfahren, die uns das Gefühl der Einzigartigkeit – und des Eins - Seins vermittelt. Diese Liebe soll uns durch das Leben geleiten – uns fühlen lassen woher wir kommen und wohin wir zurückkehren werden.

Das Erkennen und Beherrschen unserer Gedankenwelt ist der Schlüssel zur Freisetzung unseres wahren Potenzials – denke an das Resonanzgesetz : „ Wir ziehen immer das an, was wir aussenden" .

Wie frei sind wir wirklich ?

Liebe und Freiheit bedingen sich einander und setzen immer Vollkommenheit voraus. Vollkommenheit erreichen wir nicht im Außen, denn sie ist ein Zustand der inneren Balance, die für jeden individuell erfahrbar ist. Da jedoch an die Anforderungen des Alltags mit Pflichten, Ansprüchen, Sorgen und Besitzdenken einhergehen, sind die meisten Menschen von innerer Balance weit entfernt. Wie unfrei wir wirklich sind ist meisten Menschen gar nicht bewusst.

Wir brauchen und hängen an so vielen Dingen von deren Auswirkung wir keine Ahnung haben. Wir haben niemals gelernt, wie sich die vollkommene Loslösung von Dingen anfühlt. Wer in seinem Alltagsbewusstsein involviert ist, kann seine eigenen Verhaltensmuster nicht erkennen. Wir sollten uns darüber klar werden, dass materieller Besitz immer der letzte Ausdruck einer energetischen Schwingung ist und im Begehren materieller Dinge unser Eigenschwingung sinkt. Wenn sich unsere Gedankenwelt hauptsächlich mit materiellen Dingen befasst, wird sich unsere Gefühlswelt entsprechend anschließen und unser Bewusstsein zusammenziehen, was nicht nur der Freiheit und der Liebe entgegenwirkt, sondern auch spirituellen Wachstum verhindert.

Es ist ein Dilemma, denn einerseits glaubt der Mensch,

sich alles aneignen zu müssen, was er begehrt, aber andererseits glaubte er, es nicht wert zu sein, bestimmte Dinge zu besitzen.

Dann gibt es noch jene Egozentriker, die glauben die Erde besitzen zu können, einen Lebensraum, der für alle gleichsam geschaffen wurde und niemanden gehört außer Gott. Die Fülle unserer Erde sollte allen Lebewesen gleichberechtigt zur Verfügung stehen. Von diesen Menschen wurde ein Besitzanspruch erhoben, der keine Rechtfertigung findet. Auf diese Weise wird der Anschein erweckt, dass Geld die Welt regiert – ein Zustand der sich nicht mehr hält.

Wir werden mit immer mehr technischen Geräten überschüttet, die scheinbar unseren Alltag erleichtern – und eine Hilfe darstellen sollen, aber bemerken nicht, dass sie, in Wahrheit, unsere Bequemlichkeit fördern. Mal abgesehen vom Elektrosmog, der systematisch, auf Dauer, unsere Zellen zerstört, werden wir in einem schlafähnlichen Zustand gehalten, der uns in vielerlei Hinsicht mehr versklavt als wir uns das eingestehen können. All das wollen wir im Grunde genommen nicht, denn wir wollen freischaffend sein und ich möchte auch nicht näher auf die Süchte eingehen, von der unsere Gesellschaft befallen ist, ohne das es ihnen wirklich bewusst ist. Allerdings möchte ich kurz auf die Gefahren von Handynutzungen hinweisen. Handys haben

mittlerweile ein hohes Suchtpotenzial, es scheint ohne nicht mehr zu gehen. Abgesehen davon sind sie extrem gesundheitsschädlich. Je näher ein Handy dem Kopf ist, desto gefährlicher wird es für Zellen und Blutgefäße, deshalb ist es sehr sinnvoll, beim telefonieren einen Headset zu benutzen, wenn nicht darauf verzichten werden kann. Von den bekannten Süchten, die wir gerne anprangern bis hin zu den Alltagsgewohnheiten, ist jeder Einzelne von uns, mit Abhängigkeiten konfrontiert. Manien und
Phobien werden gerne belächelt und als Bagatellen abgetan, aber jede zwanghafte Gewohnheit birgt eine Gefahr in sich und bindet uns. Jede noch so kleine Sucht, ob anerkannt – nicht erkannt oder erkannt ist unzweifelhaft mit unterschwelliger Angst verbunden. Durch unsere Unbewusstheit den Dingen gegenüber erfahren wir keine Befreiung und wir sind es selbst, die uns versklaven.

Die zweite Geburt

Die neue Zeit fordert von uns ein neues Denken und ein neues Verlangen. Ein ganz wichtiges Gesetz auf unserem Weg der seelischen – geistigen Entwicklung lautet:

„Wir sind immer das, was wir denken – wir sind die Summe unseres Denkens und die Energie folgt dem Denken". Wollen wir etwas in unserem Leben verändern, so müssen wir unser Denken und Verlangen ändern. In dem Maße, wie wir unser Denken und unser Verlangen ändern, ändern wir uns selbst. Wenn wir unseren Fokus von einem niedrigen auf ein höheres Ziel lenken, entsteht ein neuer Energiestrom dessen Schwingungsgrad dem höheren Ziel entspricht. Durch den neuen höheren Energiefluss, werden unsere Körperzellen so transmutiert, dass sie dem neuen Denken und Empfinden angepasst werden.

Zu biblischen Zeiten sagte Paulus einst : „ *Ändert euch durch Erneuerung eures Denkens und trachtet nach dem, was recht, rein und heilig ist".* Das durch gute und ideelle Gedanke gefüllte Bewusstsein, schafft aus dem alten Menschen einen Neuen, die zweite Geburt. Dieser neue Mensch ist die Grundlage, um ein brauchbares Instrument zu sein für eine seelisch – geistige Entwicklung.

Wenn wir die Ebene des Persönlichkeitsbewusstsein verlassen haben, erfahren wir die Welt nicht mehr durch

Gedanken, Gefühle und Leidenschaften – wir erfahren sie nicht mehr durch unser persönliches Ich, sondern durch Frieden und Stille, die das Wesen unseres inneren göttlichen Seins ist. Wir erfahren die Welt durch die Liebe und Freude, durch das Licht des göttlichen Selbst, durch das innere Auge des Bewusstseins in uns. Dieses Bewusstsein ist unser wesentliches Selbst. In diesem höher entwickelten Zustand sind wir in der Lage, die göttliche Vernunft zu erfassen und entsprechend darauf zu reagieren. Öffne dich für dieses Bewusstsein und lass Gott in die Stille deines inneren Wesens eintreten und erfühle dein Selbst, denn dieses Selbst ist Gott.

Das schlafende göttliche Selbst liegt in uns verborgen und es ruht so lange in uns, bis wir es durch eine neue Haltung zum Leben erwecken. Diese neue Haltung zum Leben verhilft uns, die Bedingungen für eine zweite Geburt, in das wahre Leben zu erfüllen.

Wer sich selbst erkennt, erkennt auch seinen Nächsten, wer sich selbst wesenhaft liebt, kann auch das Wesen seiner Mitmenschen erkennen und lieben. Viele Menschen glauben an die wunderbaren Kräfte des Schöpfers, noch mehr Menschen zweifeln daran. Das was wir glauben oder bezweifeln, wurde einst als Wissen in diese Welt geboren. Doch solange wir an der Oberfläche der Erscheinungswelt bleiben, solange wir mit der herrschenden Ego – Dominanz verhaftet sind, werden wir nie die Wahrheit als

Kraft des Schöpfers anerkennen. Aus unserem Persönlichkeitsbewusstsein heraus leben wir in einer vergänglichen Welt und werden Opfer von Ängsten, Depressionen und Krankheiten, unter innerer Einsamkeit leidend. Der Egoismus der Menschen, auch als Krankheit der Menschheit bezeichnet, lässt uns nicht unser wahres Selbst erkennen. Wir können erst aus dem Spannungsfeld des Egos heraustreten, wenn wir unser Bewusstsein weiten und die spirituelle Wirklichkeit des Lebens erkennen.

Es gibt einige Menschen, die das ganzheitliche Leben erkannt haben, aber es niemals nach außen leben würden, aus Angst, von jenen Menschen verspottet zu werden, die keinerlei Erlebniskräfte mehr besitzen. Habt Mut zur spirituellen Lebendigkeit, denn diejenigen, die uns verspotten, tun es aus ihrem Pseudo – Leben heraus in Unkenntnis um die Wahrheit. Diese Menschen besitzen jene Energien, mit der sie, durch Politik, Weltanschauung, Revolutionen und Kriege versuchen die Welt zu verbessern – oder zumindest den Glauben besitzen, dass daraus eine bessere Welt entstehen kann. Sie leben stets in Angst, in der Enge ihrer Teil – Schein – Existenz und jeder Zeit bereit ihre kleine Welt zu verteiligen. Diese Menschen glauben nur das was sie sehen, was ihr begrenztes Bewusstsein erfassen kann – so werden sie niemals die Dimension der Kraft des Schöpfers erfahren aus der auch ihre kleine Welt entstanden ist.

Jesus forderte uns auf, dass wir unser Bewusstsein verändern mögen, damit wir unser innerstes Wesen, als Reich Gottes erkennen – und zu der Kraft Gottes durchstoßen können. Ohne die Verbundenheit zu dieser Kraft bleiben wir außerhalb des Reiches göttlichen Seins. Die Verbindung mit dieser Kraft bewirkt Ähnliches, wie die erste Geburt, die uns aus der Enge des Mutterleibs befreite und uns in eine weite Welt hineinstellte. Wir werden erlöst von unserer begrenzten Teil – Schein – Existenz und hineingeboren in unsere spirituelle, göttliche Wirklichkeit und in das Reich des schöpferischen Lebens. Durch die Wiedergeburt werden Geist und Materie vereint – Schöpferkraft und Schöpfung werden zusammengeführt. Durch dieses Ereignis sprengen wir das Gefängnis unseres Persönlichkeitsbewusstseins, um in der unbegrenzten Weite des Seelenbewusstseins Einlass zu finden. Es gilt zu erkennen, dass die Kraft Gottes in unserem tiefen, inneren Wesen zu finden ist und nur durch Bewusstwerdung und Hingabe an die Kraft, kann die Wiedergeburt geschehen. Ein Leben, welches sich auf diese Kraft ausrichtet ist ein erfülltes Leben in Liebe und Freiheit.

Die zweite Geburt, oder auch als „Einweihung der Seele" bezeichnet, beschreibt den Anfang einer ganz neuen Lebensweise und einer höheren Lebensqualität, durch eine gewandelte, bewusste Wahrnehmung.

Zu Beginn dieser Phase werden wir im wahrsten Sinne des Wortes schlaflose Nächte" haben, weil immer mehr unbewusste Neigungen ins Licht drängen. Es ist das Erbe unserer persönlichen und kollektiven Vergangenheit, dass nun an die Oberfläche drängt und uns kaum zur Ruhe kommen lässt. Wir bekommen zunehmend eine Einsicht auf die menschliche und weltliche Lage und werden uns, all unserer unvollkommenen Eigenschaften mehr und mehr bewusst, die wir jedoch in Liebe annehmen können. Ohne die Selbstliebe und die Liebe zu allem was ist, ist geistiger Fortschritt unmöglich, denn wir verlieren uns in Emotionen und Täuschungen. Unsere Körperzellen schwingen nicht hoch genug um mit den höheren, feinstofflichen Mächten in Kontakt zu kommen, die uns führen und leiten wollen. Wenn du das Gefühl hast, dass deine Körperschwingung sinkt, dann richte deine Aufmerksamkeit auf einen wünschenswerten Zustand. Einer depressive Verstimmung folgen immer niedrige Schwingungsgrade, während Freude die Schwingungen erhöhen.

Die Emotion des Hasses versetzt uns in die niedrigste Frequenz und die bedingungslose Liebe trägt uns in die höchsten Schwingungen. In beständiger Ausrichtung zum Licht der Liebe, wird unser Denken befähigt die physischen sowie die geistigen Gesetzmäßigkeiten zu erfassen und sie so auszurichten, dass wir sie täglich mit uns in

Übereinstimmung bringen können, woraus sich eine höhere Vernunft entwickelt, die sich dann als Weisheit in uns und in der Welt äußert. Auf dieser Stufe der Seelenentwicklung geht es darum Geist und Materie zu Einen. Wenn dieses geschehen ist öffnet sich das Seelenauge, wodurch das verborgene geistige Leben in uns auch für unser Alltagsbewusstsein wahrnehmbar wird. Die zweite Geburt ist das sich ablösen von der Materie und die Vereinigung mit dem Licht der Liebe. Wir erblicken das innere Christuslicht und werden dieses unauslöschlich im Gedächtnis behalten. Jedoch sind immer noch jene Aspekte in uns, die immer wieder versuchen, uns zu den alten Gewohnheiten und Wünschen zurückzuziehen. Die Versuchung schleicht sich immer wieder an und zwar in Situationen, in denen wir glauben, den Weg vor uns, von Fallen befreit zu haben. Erst wenn wir die irdischen Freuden überwunden haben und gesättigt von Verlangen und Vergnügungen sind, kann die Seele ihre Aufgabe fortsetzen. Fehlverhalten unserseits, werden in dieser Phase, auf der Seelenebene nicht mehr bewertet, da sie aus den Überbleibsel des niedrigen Selbst entspringen und keine wirkliche Kraft mehr haben. Bemessen wird jedoch das Streben nach dem Licht. Wir werden aufgefordert sein, uns nach Innen zu kehren und nachzudenken, um einen Ausgleich zu schaffen, zwischen der bedürftigen, persönlichen Liebe und der einsichtsvollen, geistigen Liebe der Seele. Die menschliche Natur des Begehrens kann nicht durch physische Stärke oder durch positives Denken gelenkt werden. Nur durch die wachsende, einfließende Seelenliebe kann ein Ausgleich geschaffen werden und nur durch die Verbindung mit den Energien der Seelenliebe und jene, des menschlichen Begehrens, kann eine Ausgewogenheit entstehen, die uns die Gesetze des Lebens in Liebe befolgen lassen. Strebten wir einst nach Ruhm und Anerkennung, so wandeln sich diese Energien unter Einfluss der Seelenliebe in ein Streben nach dem Licht, welches uns wahre Zufriedenheit und Erfüllung fühlen lässt. Wir spüren den inneren Drang, über die bereits gesammelten Erfahrungen und Erkenntnisse hinauszugehen und Schritt für Schritt vollbringen wir, in den Tiefen unseres Bewusstseins das Wunder, dass Unbekannte, in Liebe willkommen zu heißen. Innerhalb dieser Phase treten wir aus, aus dem Erleben des eigen „Ichs" unserer Persönlichkeit und lernen zunehmend mehr die Wahrnehmung der Seele zu verstehen. Je mehr unsere Gedankenwelt mit Vorstellungen der spirituellen Welt angefüllt ist, umso durchleuchteter wird unsere Seele. Eine Seele, die vom Christuslicht durchleuchtet ist, wird von der geistigen Welt wahrgenommen. In dieser Phase entwickeln sich zunehmend mehr Gefühlsgefäße, die notwendig sind, um klare Impulse der geistigen Welt empfangen zu können. Diese Gefäße füllen sich nach und nach mit dem Christuslicht. Bevor sie entstanden sind, existierte das Licht nur im Außen um uns herum. Es umgibt die Seele, jedoch wird es nicht von uns wahrgenommen. Dieses Licht bringt uns das Gefühl mit dem Ewigen verbunden zu sein. Es vermittelt uns das Verständnis für den Schöpfer und des weiteren, das Gefühl der völligen Vereinigung mit Ihm. Uns erreicht die Gewissheit der absoluten Sicherheit, Unsterblichkeit, Größe und Stärke. Es wird uns klar, dass alle Qualen und Schmerzen, die wir erlitten hatten, verursacht wurden, durch unser nutzloses Streben nach dem Vergänglichen. So war die Ursache für unser Leiden die Unfähigkeit den Schöpfer zu empfinden und wahrzunehmen. In dem Maße, wie es uns gelingt den Schöpfer zu empfinden, werden wir von einer bedingungslosen Liebe entdeckt, die das weitere Fortschreiten auf dem geistigen Pfad begleitet und in dem Maße der Reinheit unseres Verlangens, wird unser spirituelles Leben Früchte tragen. Das Empfinden des Schöpfer findet nur in der Stille statt, wenn die innere Waage im Gleichgewicht ist, welches nur durch das Streben nach Harmonie erreicht werden kann.

Der Pfad der Entscheidung

Die Bewältigung der nächste Stufe der Seelenentwicklung ist nur mit einem gewissen Maß an Demut, Liebe und Hingabebereitschaft zu erlangen. Nachdem die Seele ein gewisses Maß an Gleichgewicht, zwischen dem Machtstreben des „Ichs" und ihren eigenen Willen herstellen konnte, muss sie nun die neuerworbenen Qualitäten im Leben positiv anwenden. Wobei wir uns wieder mit den Triebkräften und Abgründen des eigenen und des kollektiv Unbewussten konfrontiert sehen. Die Fessel des Astralen, werden wieder versuchen uns festzuhalten, um uns zurück in die Abhängigkeit von Begierden und Wünschen des niedrigen Selbst zu ziehen. Nun haben wir bereits das Wesen unser Seele erlebt und etwas wesentlich Tieferes wahrgenommen als unser physisches Dasein. Wir haben viele wunderbare Seelenerfahrungen machen dürfen, allerdings sind die neu erworbenen Erkenntnisse noch nicht stark genug in unserem Bewusstsein verankert und es kommt wieder zu einem inneren Ringen um die Vorherrschaft. Es entsteht ein Kampf zwischen Persönlichkeit und Seele, wobei sich der Mensch entscheiden muss, welcher der beiden Instanzen er zukünftig folgen möchte.
Dem inneren Christus in uns, oder der illusionären Scheinwelt der Form.

Bis zu dieser seelischen Entwicklungsstufe sind viele Leben vergangen. Am Anfang wurden wir von Illusionen getäuscht und erfuhren, dass wir zwei Naturen angehören. Unser Herz öffnete sich und wir begannen wahrhaftig zu verstehen. Auch das es nicht nur um uns geht, sondern um die Befreiung der gesamten Menschheit und seine Rückkehr in die Welt des göttlichen Werdens. Viele wunderbare Erfahrungen und Erkenntnisse wurden uns zuteil, doch trotz der neuen Beseelung, verstärken sich die irdischen Illusionen, als unvermeidliches Begleiterscheinung, denn das Ego bäumt sich wieder auf und versucht die neuen Erkenntnisse in das vertraute System zu übersetzen. Dieses geschieht weil sich Licht und Finsternis scheiden. Es ist viel Liebe, Demut und die bereits vertieften Kenntnisse nötig, um unseren wahren Platz in der mehrdimensionalen Wirklichkeit zu verstehen. Wir müssen offen sein, für die subtilen Eingebungen, die wie ein ferner Ruf vom Kern unseres inneren göttlichen Wesens ausgeht.

Es liegt im freien Willen des Menschen, den Christus in sich lebendig zu machen. Wenn wir uns von Herzen dazu entscheiden, werden wir die geistige Sonne in unserem Inneren wahrnehmen und wir werden bereit gemacht, alle sieben Bewusstseinszentren (Chakren) zu öffnen, damit eine neue Energie einfließen kann. Wenn der Mensch, erblüht im Licht der geistigen Sonne, kann er seinen

geistig – seelischen Auftrag erkennen. Die alten Aktions –
und Reaktionsmuster, die uns immer wieder schwanken
und zweifel ließen, verschwinden in dem Maß, wie wir
durch freiwillige Neutralisierung unserer Egoismen dazu
beitragen.

Wenn wir befähigt sind mystische Erfahrungen als
Wahrheit zu erleben, dann offenbart sich uns die
kosmische Intelligenz, die uns immer tiefer in die innere
Wahrheit hineinzieht. Sollten wir jedoch an den
mystischen Erleben zweifeln und glauben, dass das
Unerforschte nicht wirklich existiert, dann wird die höchste
Wahrheit nur eine dumpfe Ahnung bleiben und wir werden
uns für den irdischen, illusionären Weg entscheiden. Wie
oft haben wir bereits an dieser Wegkreuzung gestanden
und uns für den irdisch materiellen Weg entschieden, denn
wenn ich mich in der Welt umschaue, sehe ich nur wenige
Menschen, die ihrem inneren Christuslicht gefolgt sind. Zu
viele Menschen sind noch zu stark gebunden an ihrem
Emotionalkörper und können dessen Begehrlichkeit nicht
widerstehen. Jedoch ist es sicher, dass der Zeitpunkt
kommen wird, an dem wir vom geistigen Willen geleitet
wieder in ein klares Bewusstsein geführt werden, welches
uns die zweipoligen Verhältnisse des Lebens
durchschauen lässt. Wenn wir wieder ein innerliches
Gleichgewicht erreicht – und uns von der Illusion abermals
befreit haben, können wir, zum ersten Mal, das wahre

geistige Ziel sehen. Wir hören auf damit, ständig über unsere Aufgaben nachzudenken. Die Stille wird unser wahrer Freund, der uns lehrt in Ruhe zu arbeiten und bedacht zu handeln. Das gesprochene Wort wird zur Aufgabe, indem wir uns darum bemühen, unsere gewohnten Redeformen aufzugeben.

Kein leeres Gerede mehr !

Das gesprochene Wort

Gesprochene Worte sind der unmittelbare Ausdruck des tiefsten, innersten Wesen eines Menschen. Alles ist Schwingung auch das gesprochene Wort. Hinter jedem Wort steht ein gleichschwingendes, spirituelles Konzept und so können unbedacht ausgesprochene Worte, Dinge und Situationen in unser Leben ziehen, die wir uns niemals wünschen würden. An dieser Stelle unserer Seelenentwicklung liegt unsere Aufmerksamkeit ganz und gar beim gesprochenen Wort. Wir werden erkennen, dass eine positive, liebevolle Sprache eine magische Qualität aufweist, wenn sie bewusst mit viel Gefühl ausgesandt wird. In unserem Universum steht alles mit allem in Verbindung, was gleichartig schwingt, so ist das gesprochene Wort ein Transportmittel für unsere Energie (Schwingungen) und so erzeugen wir durch Worte, um uns herum, ein Resonanzfeld. Es gilt die Gedanken und

Worte richtig zu nutzen und ein Empfinden anzuwenden, welches vollständig im hohen Denken der Seele verankert ist und nicht mehr in unserer eigenen Meinung, die aus dem Persönlichkeitsbewusstsein entspringt. Durch rechtes Sprechen und durch den richtigen Gebrauch unserer Gedanken, werden wir aus dem Gefängnis befreit, in das wir durch unsere achtlos gesprochene Worte und Taten hineingeraten sind. Wir lernen, die Sprache der Seele, die wie eine Erinnerung an längst vergangene Tiefen, in uns aufsteigt, immer besser zu deuten. Wir lernen die Formnatur durch unsere Gedankenkraft zu beherrschen. Wir haben damit aufgehört, über Andere zu reden, was wir nicht reden sollen - wir haben damit aufgehört über Andere zu denken, was wir nicht denken sollen und so wird eine Verbindung gelöst, die uns im Persönlichkeitsbewusstsein festhalten will. Es ist das „lebendige Wort" welches unser Bewusstsein immer weiter öffnet, für den Lichtstrom der göttlichen Erkenntnis. Wir sind befreit und können aufsteigen in die Höhen der Seeleneinweihung.

Die Sprache des Lichts

Um Gott näher zu kommen sollten wir uns wieder an eine Sprache erinnern, die im Laufe der Evolution in Vergessenheit geraten ist. Es ist die Sprache des Lichts, die unsere Seele versteht und die uns mit Gott verbindet. Die Sprache des Lichts ist der Widerschein der Liebe, in jedem Wort hochschwingend und durch sie spiegelt sich Gott in uns. Das Wort ist Schwingung – die Sprache Klang ; in der Sprache des Lichts ist ein Geist der liebevoll, sanft durch Reinheit alles durchdringt. Worte der Liebe sind ein Hauch der Kraft Gottes und ein reiner Ausfluss seiner Herrlichkeit, deren heilende Wirkung garantiert ist. Die Worte der Liebe sind die Weisheit Gottes, die durch dich wieder erweckt werden will und sollten dich liebevolle Worte in deinem Herzen berühren, so hast du die Reife und die Schwingungen für die Sprache des Lichts. Werde dir dessen bewusst ! Viele von uns sehnen sich nach der Dimension der Liebe, nach dem 5. Reich Gottes, doch sprechen dessen Sprache nicht, weil sie sich in der Alltäglichkeit verlieren und sich der Masse angleichen. Eine niedrig schwingende Sprache hält uns in der Dichte gefangen – eine liebevolle Sprache hebt uns empor. Alles ist Schwingung und ein besonderes Werkzeug für den Aufstieg in eine neue Bewusstseins - Dimension ist das liebevoll gesprochene Wort.

Die Vorbereitung zur Einweihung der Seele

Auf der Bewusstseinsstufe des niedrigen Selbst konnten wir uns das untrennbare Wesen der Schöpfung nur als Zweiheit vorstellen. Wir erlebten uns getrennt von Natur und Gott. Doch durch die Entwicklung unseres Seelenbewusstseins, erkennen wir, dass die Gesamtheit des Lebens Einheit ist. Unsere Seele musst viele Aufgaben lösen, um die universellen Zusammenhänge der Dinge zu erkennen. Wir fühlen uns nun eingebettet in die Schöpfung und von Leben erfüllt. Unser Denken ist die wichtigste Instanz, die auf unsere Seelenentwicklung einwirkt. So war es die astrale Gedankenflut, die uns in der Dichte des niedrigen Selbst gefangen hielt und ein Fortschreiten auf der Seelenebene nicht zuließ. Unter Zunahme der einfließenden Seelenenergie verändert sich unser Denken in die Weise, dass keine Verblendungen und Illusionen mehr kreiert werden. Wir haben uns befreit von den Anziehungen und Verführungen der stofflichen Welt. In dem Maße, wie es uns gelingt, die Schuttberge der Vergangenheit abzubauen und Abhängigkeiten loszulassen, werden wir von der Lichtkraft des Geistes berührt. Das Berühren des Lichts ist der schönste und wahrhaftigste Moment, den wir auf unserer langen Reise erlebt haben. Dieses Licht löst eine tiefe Sehnsucht in der Seele aus, die nun ein tiefes Verlangen verspürt, sich mit dem Geist zu vermählen. Was als kymische Hochzeit bezeichnet wird, kann erst geschehen, wenn alle Aspekt des Persönlichkeitsbewusstseins mit der Seele verschmolzen sind. Wenn die Verschmelzung stattgefunden hat, nehmen wir eine Essenz in uns wahr, die dem Wesen des Höchsten gleicht. Das Zentrum unserer neuerworbenen Persönlichkeit ist nicht mehr die Welt der Ich – bezogenen Wünsche und Begierden, sondern die lebendige Seele, die sich nach dem wahren Selbst ausdehnt - nach jenem Selbst, dass uns mit Gott Eins werden lässt. War das Christus – Licht anfangs ein kleiner Funke, der sich von Zeit zu Zeit in uns entzündete, so ist er nun zu einem strahlenden Stern herangewachsen.

Das dritte Auge

Ist das Auge mit dem Ich Gott sehe und das dasselbe Auge mit dem mich Gott sieht.

(Meister Eckhardt 1260 – 1327)

In dem Moment, wenn Wille – Ego und Persönlichkeit vollständig in der Seele integriert sind, erhalten wir Einblick in die geistige Welt und zwar in dem Maße, wie weit sich unser Bewusstsein, in die geistige Welt hinein, ausgedehnt hat. Wenn sich das Seelenauge zu öffnen beginnt, erhalten wir eine kurze Draufsicht auf die materielle Welt. Es ist ein überwältigender Moment, wenn sich zum ersten Mal der Vorhang hebt und wir innerhalb weniger Sekunden alle Systeme durchschauen; die Schrecken der Wirtschaft, die Perversionen der Politik, die Unmenschlichkeiten gegenüber der 3. Welt und die Wahrheit, die hinter den sozialen Netzwerken steht etc. - wir sehen all diese schrecklichen Wahrheiten und sind dabei in eine tiefe Liebe gehüllt, die auch dann noch bestehen bleibt, wenn der Vorhang wieder gefallen ist. Es geschieht ein klares inneres Sehen bezüglich der Wirklichkeit.

Auch wenn das Gesehene erschreckend war, dominiert die Erfahrung, dass die Wahrheit Liebe ist und die Liebe immer Wahrheit. Es ist der Blick der Seele, wie sie die materielle Welt wahrnimmt. Nur durch innere Stille, Meditation und Absichtslosigkeit kann das Seelenauge geschult werden. Es gibt einige Menschen, die eine hohe Seelenreife mitbringen und bereits in jungen Jahre hellseherische Fähigkeiten entwickeln, allerdings beschränkt sich ihr Inkarnationsgebiet überwiegend auf den asiatischen Raum, während in West Europa mehr junge und junge Erwachsenen Seelen inkarnieren. Doch leben wir in einer Zeit, in der es notwendig wird, dass mehr reife und alte Seelen inkarnieren, um in lehrender Funktion, dass Selbst der unerfahrenen Seelen, mit den Inhalten der geistigen Welt zu befruchten. An der Schwelle eines neuen Zeitalters, an dem wir jetzt stehen inkarnieren mehr Seelen, die hinter den Vorhang der physischen Welt schauen können. Diese Menschen, die wir Indigo – und Kristallkinder nennen, sind die Vorboten einer neuen Generation Mensch. Sie sind in der Lage Informationsfelder zu lesen und in tiefer mitfühlender Weise miteinander in Liebe zu leben. Diese Menschen wissen, dass sie Seele sind in einem physischen Körper. Diese Individuen sind hier auf der Erde angetreten um die veraltete verstandesmäßige Weltsicht zu verändern – um sie in ein neues schöpferisches – liebendes Licht zu rücken. Indigokinder sind uralte Seelen, die schon viele Erfahrungen, in der Dichte der Materie, sammeln konnten. Sie wissen um die Probleme, die das Leben im materiellen Sein mit sich bringt. Im Gegensatz zu den Indigokindern sind die Kristallkinder noch niemals mit der irdischen Dichte in Berührung gekommen. Diese Kinder sind mit besonderen Fähigkeiten und Talenten ausgestattet und heben sich deutlich von der breiten Masse ab. Das Wissen, über das sie verfügen, ziehen sie, über die entsprechende Informationsfelder direkt in ihr Denken.

Wenn wir den Irrgarten der niedrigen Triebe, Wünsche und Begierden verlassen - und eine hohe Seelenreife erreicht haben, tritt das 3. Auge anstelle des Persönlichkeitsbewusstseins. Wir sehen die Welt ein Stück weit durch Gottes Auge. Erst wenn wir eingeweiht wurden, in die Geheimnisse des Lebens und uns die höheren Energien und Kräfte vertraut sind, werden wir dauerhaft durch das 3. Auge schauen und bleiben verbunden, mit der geistigen Welt.

Unser Bewusstsein ist nicht mehr im physischen Körper zentriert, was sich durch unsere Taten im Alltag bemerkbar macht. Die Seelenpräsenz hat sich in unserem Leben verankert und die alten Gewohnheitsmuster haben sich aufgelöst. In diesem Bewusstseinszustand ist alles Leben Ausdruck der Ganzheit. Die geistige Erleuchtung durch das Christusbewusstsein und das Erwachen in Wahrheit und Wirklichkeit, lässt die alles durchdringende, starke Energie der Liebe, durch uns hindurchfließen. Diese universale Liebe führt eine Weisheit in sich, dessen Essenz durch unsere Persönlichkeit Ausdruck findet. Je tiefer wir uns hinein entwickeln in die geistige Welt, je weiter schaut das Seelenauge und wir werden uns, unserem geistigen Sein immer bewusster. Es gibt einige Menschen, die versuchen das Seelenauge durch die Einnahme von Substanzen zu öffnen, doch dieser Weg birgt viele unterschätze Gefahren in sich. Sicherlich haben natürliche und chemische Substanzen die Eigenschaft den Geist zu öffnen, wobei es sich hier um einen Versuch handelt, einem, von der geistigen Welt vorgegebenen Weg abzukürzen. Wir können einen Grundschüler nicht ins

Abitur schicken, weil er den Lehrstoff nicht verstehen kann und weil es ihm an Reife und Entwicklung fehlt. Er wäre vollkommen überfordert. So hat es auch für jene Menschen, die spirituelle Lernstufen überspringen wollen, bei denen es um Erfahrung, Erleben, Entwicklung und Entfaltung geht, keinen nachhaltigen Wert, wenn sie sich in eine Bewusstseinsebene katapultieren, die ihr persönlicher Bewusstseinsstand nicht gewachsen ist und damit ein Prozess in Gang setzen, den sie nicht in der Lage sind zu steuern.

Ein Samenkorn, dass wir in die Dunkelheit der Erde legen, trägt die Information der Liebe Gottes und die Sehnsucht nach dem Licht in sich. Liebe lässt es aufplatzen und keimen und die Sehnsucht treibt es voran durch die Dichte hindurch ins Licht. Wenn der Keimling sich den Weg durch die Dunkelheit gebahnt - und die Erdoberfläche erreicht hat, streckt er sich dem Licht entgegen und er wächst. Die Liebe ist jene Energie, die das Samenkorn in der Dunkelheit der Erde aufplatzen lässt, was dem Erwachen des Menschen gleichkommt. Durch die Liebe zu Gott erwacht der Mensch - er bahnt sich seinen Weg durch die Finsternis, dem Licht entgegen. Geben wir der kleinen Pflanze künstlichen Dünger als Nahrung, so wächst sie zu schnell. Ihr Innenleben, durch ein Mikroskop betrachtet, verändert sich auf unnatürlich Weise. Ihre Kristalle und Klaster, welche ursprünglich einem wunderschönen

Gemälde gleichen, verklumpen oder verschwindet vollständig. Da die kosmischen Gesetze auf allen Ebenen die gleiche Wirkung haben, können wir daraus schließen, dass es kein Mittel zum Einnehmen gibt, welches unseren Wachstum fördert, ohne einen Schaden davon zu tragen. Nur jene Mittel, die Gott uns zur Verfügung stellt, nähren uns auf dem Weg zum spirituellen Wachstum. Es ist fatal zu glauben, dass wir den Entwicklungsweg des Wesenhaften, durch äußere Verfahren, verkürzen können. Jeglicher Lernprozess, mit den wir in unserem Erdenleben konfrontiert werden, stellt eine Möglichkeit dar, zur geistigen Höherentwicklung. Nur ein rechter Lebenswandel, eine liebende Einstellung zu Gott und der geistigen Welt führt uns zu einem Reifegrad, der uns berechtigt dauerhaft mit der geistigen Welt in tiefe Verbindung zu treten. Es gibt keinen anderen Weg, wir müssen unsere geistige Entwicklung Gottes Willen anheimstellen. Wir können jedoch den Prozess der geistigen Entwicklung, durch unsere Willenskraft, deutlich verkürzen, in dem wir Widerstände aufgeben, Altes loslassen, was uns in der niedrigen Ebene festhält und alles aus unserem Leben eliminieren, was der Liebe entgegensteht, dann sprengen wir die irdischen Fessel - wenn wir uns der Seele hingeben und dem Geist unterstellen kann sich ein schneller Aufstieg vollziehen.

Zum Beispiel ist im Samenkorn einer Eiche alles angelegt um ihn zur Keimung vorzubereiten. Dem Samen selbst braucht nichts hinzugefügt werden. Im Laufe seiner Evolution wird er immer mehr zu dem, was er ist. Ähnlich ist es bei uns Menschen, wir sind ein perfektes Urbild im universellen Geistes. Uns fehlt es an nichts, wir sind mit allem ausgestattet, was wir brauchen. Wir müssen uns nur entfalten und darauf acht geben, dass wir dem Nährboden unseres Bewusstseins mit guter, geistiger Nahrung versorgen.

Wenn wir den entsprechenden Reifestand erreicht haben und das Seelenauge geöffnet bleibt, erfahren wir den Einfluss jener starken Liebe, nach der wir uns, in den niedrigen Ebenen des Persönlichkeitsbewusstseins immer gesehnt haben. Diese Liebe kommt aus dem Geist - sie durchströmt unseren gesamten Körper und wir fühlen, dass die Gottesliebe die Wahrheit ist. Durch das Eintauchen in das universelle Bewusstein hebt sich unsere Individualität auf und aus unserem Intellekt wird erfahrene Intuition.

Der Mensch in seinem Persönlichkeitsbewusstsein, steht mitten in einem Spannungsfeld zwischen spiritueller und materieller Welt. Es ist von der geistigen Welt so eingerichtet, dass der Menschen auf niedriger Bewusstseinsebene keinen unmittelbaren Zugang zur geistigen Welt hat. Im alltäglichen Leben zeigt es sich deutlich, dass der, in der Sinneswelt gefangene Mensch, nichts von der Welt jenseits seiner Sinneswahrnehmung weiß. Es ist für ihn vollkommen unverständlich, dass es etwas außerhalb von Raum und Zeit geben kann. Im Persönlichkeitsbewusstsein wird alles in Raum – Zeit Kategorien eingeteilt. Würde ein Mensch, der sich normalerweise im niedrig schwingenden Persönlichkeitsbewusstsein befindet, eine Droge einnehmen, die ihn spontan hinaus aus Raum und Zeit katapultiert, wüsste er nicht mehr, was er denkt oder ob er noch denkt. Er begibt sich in eine nicht kontrollierbare Situation, die nicht selten in der Psychiatrie endet. Achtsamkeit gegenüber unserem Körper und unserer Gesundheit, sowie die Lust am Leben und die Freude und das Interesse am natürlichen Fortschritt, ist im Sinne der geistigen Welt, aus der wir jederzeit Unterstützung erhalten.

Mit dem Öffnen des dritten Auge, wird uns vollkommen klar, dass die Wahrnehmung unseres vorherigen Lebens, der Qualität eines Traumes glich. Es erscheint uns so, als hätte sich eine Nebelwand aufgelöst und wir blicken in vollkommener Klarheit auf das, was um uns geschieht. Wir sehen zwar, mit unseren physischen Augen, das Gleiche wie zuvor, wir sehen die Landschaften, die Wälder, die Bäume, die Sträucher und Früchte so wie wir sie schon

immer kannten, jedoch empfinden wir diese Bilder nicht
mehr als etwas außerhalb von uns. In unserer
Wahrnehmung sind wir in die Natur integriert – wir sind
Eins mit ihr. Im Treiben und Tun der kleinsten Lebewesen
erspüren wir die gleiche Kraft, die auch hinter unserem
Leben steht und der selben Quelle entspringt.

**Jesus sagte dazu : Wenn das eine Auge sichtbar wird, wird
der ganze Körper Licht sein".**

Im Herzen eines jeden Menschen befindet sich eine
Essenz, die nur durch die Erfahrung der göttlichen Liebe
freigesetzt wird. Durch diese Essenz wird uns die Einheit
mit Gott bewusst, wir werden in das göttliche Bewusstsein
hingezogen. Die Voraussetzung um in diesem Bewusstsein
zu verweilen, ist unsere bedingungslose Liebe zu Gott und
die Bereitschaft ihm uneingeschränkt zu dienen. Wenn wir
die göttliche Bewusstseinsstufe erreicht haben, haben wir
uns aus dem Verstandesdenken vollständig gelöst und
sind zur Seelenpersönlichkeit mit einem hohen Intellekt
herangereift. Durch absolute Selbsthingabe streben wir
danach mit Gott zu bleiben. Wir sehen zwar, mit unseren
physischen Augen, das Gleiche wie zuvor, wir sehen die
Landschaften, die Wälder, die Bäume, die Sträucher und
Früchte so wie wir sie schon immer kannten, jedoch
empfinden wir diese Bilder nicht mehr als etwas außerhalb
von uns. In unserer Wahrnehmung sind wir in die Natur
integriert – wir sind Eins mit ihr. Im Treiben und Tun der

kleinsten Lebewesen erspüren wir die gleiche Kraft, die auch hinter unserem Leben steht und der selben Quelle entspringt.

War unsere Seele einst für die niedrig schwingenden Reize der Materie empfänglich und passte sich ihr an, so löste sie sich wieder über einen langen, lehrreichen Zeitraum und wuchs hinein in das Bewusstsein der Einheit. Dieser Weg wird in der Bibel als Geschichte des verlorenen Sohnes beschrieben.

Wir haben den Gipfel zur geistigen Höhe erklommen, jedoch verweilen wir dort nicht, sondern wir steigen wieder hinab, um jene Menschen zu helfen, die bereit sind den Herzensweg zu gehen, aber deren Christus - Licht noch zu schwach, um es zu erkennen.

Der spirituell erwachte Mensch gibt um zu leben – der durch das Christus - Bewusstsein erleuchtete Mensch lebt um zu geben.

Die geistige Erleuchtung lässt uns erkennen, dass das Universum unendliches Bewusstsein ist, welches ständig danach strebt sich durch uns zu verwirklichen.

Mit diesem unendlichen Bewusstsein sind wir in tiefer Liebe verbunden und schenken ihm unser vollstes Vertrauen und so leben wir von Augenblick zu Augenblick.

Die Zeit, in der wir Probleme (Barrieren) überwinden –
und uns selbst beweisen mussten ist vorbei. Im
erleuchteten Wesen ist kein Ego mehr vorhanden. Es gibt
im materiellen Bereich nichts mehr zu erreichen oder zu
erwerben. Unsere Ziele sind nur noch rein geistiger Natur.
Wir können nur noch für das Wohl der Menschheit wirken,
weil wir erkennen, dass nichts anderes wichtig ist. Wir
erkennen, dass der Sinn der Schöpfung nicht die
Manifestation eines irdischen Paradieses ist, sondern die
Selbstverwirklichung für alle Geschöpfe. Nur wenn wir
dieses verstehen, leben wir ein sinnvolles Leben und
gewinnen einen unerschütterlichen inneren Frieden, der
jedes menschliche Verstehen übertrifft.
An dieser Stelle möchte ich einen Text einfügen, den ich
vor einiger Zeit geschrieben hatte und der nochmals den
Entwicklungsweg zur Öffnung des 3. Auges widerspiegelt.

Das Seelenauge - die drei Ebenen

Der Mensch wird mit völliger Unwissenheit in diese Welt
hineingeboren. Er befindet sich an dem äußersten Rand
seiner untersten Spirale. Durch die Aneignung von
Kenntnissen, wird er im Laufe seiner Entwicklung, immer
mehr zur Mitte hingezogen. Er entwickelt sich bis zum
Gipfel seines Verstandes, bis zum Höchsten seiner
Vernunft, was die Mitte seiner Spirale entspricht. Doch er

bleibt in der Mitte stecken, wenn sein Verstand sich nicht für die göttlichen Wahrheiten entwickelt. Die Liebe ist das Verbindungsglied zwischen Materie und Geist – zwischen Geist und Verstand. Beschäftigt sich sein Verstand mit der göttlichen Liebe und öffnet er sein Herz, dann öffnet sich auch die Mitte und er wird, auf den äußeren Rand der 2. Ebene, emporgehoben. Diesen Zustand nennen wir „das Erwachen". Der Mensch wird aus seinem Persönlichkeitsbewusstsein (Alltagsbewusstsein) herausgehoben und er erfährt, eine für ihn vollkommen neue, „Ich Bin" Gegenwart. Im Fühlen und Erleben der neuen Wirklichkeit, wird ihm bewusst, dass alles, was er bis dahin zu sein glaubte, reine Illusion war. Der Mensch ist erwacht zu seiner wahren Natur und er tritt in Kontakt mit seinem höheren Selbst. Er erfährt, dass er nicht nur eine Person mit Körper, Verstand, Gedanken, Gefühle und einer Lebensgeschichte ist, sondern er erfährt ein Seins – Gefühl, welches aus dem ewigen Strom des göttlichen Bewusstseins einfließt.

Durch das Sammeln geistiger Erkenntnisse entwickelt er sich zur Mitte hin. Allerdings reicht selbst ein Höchstmaß an geistigen Erkenntnissen nicht aus um das Tor zur dritten Ebene aufzustoßen. Erst wenn eine himmlische Liebe zum Nutzen aller erreicht ist, öffnet sich die Pforte zur 3. Ebene, oder anders formuliert, es öffnet sich das 3. Auge.

Wenn das Gemüt des Mensch gefüllt ist mit den Weisheiten und der Liebe Gottes wird er in ein Bewusstsein hineingezogen, welches weder Anfang noch Ende kennt.

Mir selbst sind drei Wahrnehmungsaspekte durch das 3. Auge bekannt. Es handelt sich hierbei um ein subjektives Erleben und kann individuell variabel wahrgenommen werden. Hier zu möchte ich noch sagen : So lange wir forschend, im arbeitenden Verstand verhaftet sind können wir zwar Zusammenhänge erkennen und erweitern unser Wissen, aber das Seelenauge bleibt verschlossen. Jesus sagte : „kehret um und werdet wie die Kinder" und in diesem Satz liegt der Schlüssel. Wir alle können ohne Liebe nicht leben, insbesondere Kinder nicht. Kinder lieben ohne Bedingungen, doch sie sind abhängig von der Liebe der Eltern, so wie der geistige Mensch abhängig ist von Liebe seines Vaters im Himmel. Kinder vertrauen bedingungslos ihren Eltern, so wie der geistige Mensch seinem Vater im Himmel vertraut. Kinder sind hilfebedürftig und unfähig, die Dinge zu tun, die Eltern für sie erledigen, so wie der geistige Mensch seinen Fortschritt seinem Vater im Himmel anheimstellt. Fließen Liebe, Absichtslosigkeit und das Leben im Jetzt zusammen, wird sich das Seelenauge öffnen.

Der erste Wahrnehmungsaspekt : ist der Blick in die geistige Welt hinein.

Je mehr Liebesfähigkeit wir entwickeln, desto tiefer reicht unser Blick in die geistige Welt hinein. Es ist eine Welt voller Schwingungen, nie zuvor gesehenen Farben und Symbole. Diese Schau wird begleitet von einem unbeschreiblich tiefen Gefühl von Liebe, die der Mensch in seinem Persönlichkeitsbewusstsein niemals empfinden kann. Dieses tiefe Gefühl ist es, was mich überzeugte mit der geistigen Welt verbunden zu sein und das Wahrgenommene nicht „nur" als Spiel der Neurotransmitter deuten ließ, obwohl sie es sind, die gesteuert werden von den subtilen Kräften der geistigen Welt. Durch die Wahrnehmung der Symbole wurde mir u. a. bewusst, dass gesprochene - und geschriebene Worte, Gefäße sind, die den feinstoffliche Energien als Transportmittel dienen. So sind wir Menschen in der Lage, subtile Energien der geistigen Welt auszutauschen. Wir haben nicht alle den gleichen Reifestand und Erfahrungsschatz, deshalb können unsere Worte leicht missverstanden werden, nämlich dann, wenn der Empfänger nicht reif genug ist, den Inhalt zu verstehen – hülle deine Worte stets in Liebe, so bleibt etwas in ihnen enthalten, was jeder Mensch fühlend in sich aufnehmen kann.

Die zweite Wahrnehmungsebene : ist das Schauen aus der Seele, wie sie die materielle Welt wahrnimmt.

Wenn sich das Seelenauge zu öffnen beginnt, erhalten wir eine kurze Draufsicht auf die materielle Welt. Es ist ein überwältigender Moment, wenn sich zum ersten Mal der Vorhang hebt und wir innerhalb eines Augenblickes alle Systeme durchschauen; die Schrecken der Wirtschaft, die Perversionen der Politik, die Unmenschlichkeiten gegenüber der 3. Welt und die Wahrheit, die hinter den sozialen Netzwerken steht etc. - wir sehen all diese schrecklichen Wahrheiten und sind dabei in eine tiefe Liebe gehüllt, die auch dann noch bestehen bleibt, wenn der Vorhang wieder gefallen ist. Es geschieht ein klares inneres Sehen bezüglich der Wirklichkeit. Auch wenn das Gesehene erschreckend war, dominiert die Erfahrung, dass die Wahrheit Liebe ist und die Liebe immer Wahrheit. Ein weiteres überwältigendes Gefühl ist es, dass Verstandesdenken nicht mehr spürbar ist. Bilder, die wir wahrnehmen sind Erscheinlichkeiten, ähnlich eines Traumes. Welche Erscheinlichkeiten wir erfahren liegt im jeweiligen Liebeszustand, in dem sich der Geist gerade befindet. Das heißt wir können „Wünschen" und wenn der Wunsch an Liebe gebunden ist, wird er zur Realität, in der geistigen Welt als Erscheinlichkeit, der sich in der materiellen Welt manifestiert, wir nennen es Schöpfung. Ich möchte euch empfehlen euer Leben, so wie ihr es euch wünscht immer wieder zu visualisieren, denn eines Tages wird es euch gelingen, das richtige Gefühl (Schwingung) an die visualisierten Bilder zu binden, so werdet ihr zum Schöpfer eures eigenen Paradieses zum Wohle Aller. Wir müssen uns darüber klar werden, dass die geistige Welt die Ursache für alles ist und die materielle Welt die Wirkung der Ursache.

Die dritte Wahrnehmungsebene: ist die Ebene des Fühlens.

Wir sehen zwar, mit unseren physischen Augen, das Gleiche wie zuvor, wir sehen die Landschaften, die Wälder, die Bäume, die Sträucher und Früchte, so wie wir sie schon immer kannten, jedoch empfinden wir diese Bilder nicht mehr als etwas außerhalb von uns. In unserer Wahrnehmung sind wir in die Natur integriert – wir sind Eins mit ihr. Im Treiben und Tun der kleinsten Lebewesen erspüren wir die gleiche Kraft, die auch hinter unserem Leben steht und der selben Quelle entspringt.

Blockaden des 3. Auges
Die Zwirbeldrüse

Nun ist es leider unumgänglich, dass wir uns im Laufe unserer spirituellen Entwicklung, einem kleinen,erbsengroßen Organ unsere Aufmerksamkeit schenken. Nämlich der Zwirbeldrüse, sie existiert in unserem Organismus als wichtiges Rädchen in einem großen Netzwerk faszinierender Abläufe. Die Zwirbeldrüse bildet eine Brücke zwischen uns und der geistigen Welt. Seit frühster Kindheit wird der Mensch daran gehindert diese Brücke zu nutzen. Leider leben wir in einem System, welches vorsieht, dass wir uns nicht gemäß unseres Potentials entwickeln dürfen, sondern wirtschaftlichen Aspekten untergeordnet werden müssen. Um aus diesem Dilemma wieder herauszukommen braucht es erwachte Menschen. Ursprünglich hatte die Zwirbeldrüse die Größe einer Kastanie, doch im Laufe der Evolution bildete sie sich immer weiter zurück, was u. a. an der modernen Lebensführung liegen mag. Allerdings ergaben Untersuchungen aus jüngster Zeit, dass sich eine Kalkschicht um die Zwirbeldrüse gelegt hat, was den Anschein erweckt, als wolle man verhindern das dieses Organ sich normal entwickeln kann. Dieter Broers, ein bekannter Bio - Physiker und spiritueller Mensch, ist der Sache auf den Grund gegangen mit dem Resultat, dass Fluoride, die den verschiedensten Lebensmittel und Kosmetika beigemischt werden, ein Grund für die Verkalkung der Zwirbeldrüse sind. Dabei ist sie ein ganz wichtiges Rezeptororgan, welches hochsensibel auf elektromagnetische Felder aller Art reagiert. Des weiteren produziert sie wichtige Hormone wie Serotonin, welches auch als Glückshormon bezeichnet wird und Melatonin, das Hormon, das den Schlaf – Wachrhythmus steuert. Produziert die Zwirbeldrüse zu wenig Serotonin, oder ist die Abgabe in den Blutkreislauf gestört, dann leidet der Mensch an depressiven Verstimmung, bis hin zu tiefen Depressionen. Aus Serotonin wird bei Eintritt der Dunkelheit Melatonin gebildet. Neben der Bestimmung des Schlaf – Wachrhythmus, hat das Melatonin eine antioxidative Schutzwirkung auf alle Zellen im Körper. Diese Schutzwirkung verlangsamt den Alterungsprozess. Die Zwirbeldrüse bildet aus dem Melatonin einen weiteren wichtigen Botenstoff – das DMT (Dimethyltryptamin) welches auch als spirituelles Hormon bezeichnet wird. Es werden Studien beschrieben, bei denen, mit hochdosierten Gaben, der Zustand herbeigeführt wurde, der erfahren wird, wenn der Körper mit DMT geflutet wird. Das DMT ist das Verbindungsmolekül zwischen der physischen und geistigen Welt. Alle Teilnehmer der Studie erfuhren einen erhöhten Bewusstseins – Zustand, in dem mehre Erlebniswelten gleichzeitig real erfahrbar werden. Mehr noch – es wird eine Quelle – ein Ursprungsort erkannt, den man zuvor vergessen hatte. Man erinnerte sich an seine Heimat, der man entsprungen ist. DMT ist in Europa, als Mittel zur Einnahme, verboten, da es auf das Bewusstsein wirkt. Die Produktion wird gleichzeitig unterbunden, durch die bereits erwähnten Maßnahmen. Fluorid hat eine stark hemmende Wirkung auf die Zwirbeldrüse. In einigen Ländern wird das Trinkwasser mit Fluorid versetzt, so wurde in den USA bereits bei zweijährigen Kindern, eine Verkalkung der Zwirbeldrüse festgestellt. Nun stellt sich die Frage, wer hat Interesse daran, uns in diesem schlafähnlichen Zustand zu halten ?

Ich möchte es kurz auf den Punkt bringen. Ein Mangel an diesen hier erwähnten Botenstoffen hält uns in Angst und Leid.
Es vermittelt uns das Gefühl der Trennung und Trennung ist die Ursache für viele Krankheiten. Bei einer Funktionseinschränkung der Zwirbeldrüse ist unser Fokus auf rein rationales – materialistisches Denken ausgerichtet. Feinstoffliche Energien werden nicht wahrgenommen.
Sind wir an spiritueller Entwicklung interessiert und streben ein körperlich und geistig gesundes Leben an, müssen wir aus diesem Kreislauf aussteigen. Allerdings rate ich von der Einnahme künstlich – chemisch hergestellter Hormone dringend ab, weil dadurch der Körper die Eigenproduktion vollständig einstellt.

Bei einer Unterfunktion der Zwirbeldrüse werden folgende
Symptome beschrieben :

- Störungen des Schlaf – Wachrhythmus
- fehlender Tiefschlaf
- fehlende Erholung im Schlaf
- Störung im Sexualverhalten und Funktion
- Depressionen
- Immunschwäche
- ständiges Müdigkeitsgefühl
- mangelndes Selbstvertrauen
- mangelndes Vertrauen in das Leben
- fehlende Flexibilität im Alltag
- Veränderung des Schmerzempfindens
- unerklärliche Ängste und Aggressionen
- Verhärtung im Urteilsvermögen
- Gefühl von Isolation und des Verlassenseins
- fehlende Anbindung an das Göttliche

Wenn die Zwirbeldrüse voll aktiviert ist werden folgende
Eigenschaften hervorgebracht:

- sehr gute Menschenkenntnis – das
  Durchschauen von Lügen

- ausgeprägte Fähigkeit zum Visualisieren
- Intuition, Empathie und Hellsichtigkeit
- das Wahrnehmen feinstofflicher Energien

Für uns gilt es unseren Körper zu stärken und auf natürlich Weise zu entgiften. Wenn wir eine langfristige Gesundheit erlangen wollen, nehmen wir besser eine grundsätzliche Haltung der Achtsamkeit, Wertschätzung, Eigenverantwortung und Dankbarkeit ein.

Wir leben in einer Zeit des Umbruchs, in einer Zeit des Bewusstseinswandels, in dem sich die alten Systeme nicht mehr halten können und für uns Menschen bedeutet es, dass wir eine tiefgreifende Entscheidung treffen müssen, in welche Richtung es für uns gehen soll. Dabei ist jeder Mensch wichtig, denn Alle und Alles wirken aufeinander ein. Wir sind tatsächlich „Einheit" auch wenn wir es zu diesem Zeitpunkt noch nicht so sehr spüren können. In dieser Zeit kommt der kleinen Zwirbeldrüse wieder eine große Bedeutung zu, denn durch ihre volle Funktionsfähigkeit erleichtert sie uns, durch ausreichende Ausschüttung der bereits erwähnten Hormone, den Übergang in eine andere Dimension.

Wenn wir uns entschieden haben und den Sprung wagen, oder ein klares spirituelles Ziel vor Augen haben, dann gehen wir eine energetische Verbindung ein, die uns verpflichtet, uns aus dem alten Groll zu lösen, Menschen und Situationen, die uns verunsichern oder ängstigen, nicht zu vermeiden und nicht an unsere Engstirnigkeit, Hartherzigkeit und unser zögern zu klammern. Wir werden einen Widerstand spüren, uns selbst zu akzeptieren, so wie wir wirklich sind und wenn es darum geht uns um das Wohl anderer zu kümmern. Wenn wir anderen Gutes tun, geht es nicht ausschließlich um die Bedürfnisse anderer Menschen, sondern zu gleichen Teilen darum, weise an unseren Emotionen und Schatten zu arbeiten. Wenn wir in der Lage sind wahre Empathie zu spüren und fühlen können, das Freude und Leid sich für andere genauso anfühlt wie für uns, dann lösen wir uns aus der „Ichhafigkeit" (Ego). Das eigene Erwachen ist immer verknüpft mit den Erwachen der Gesellschaft. Um aller fühlenden Wesen willen hoffe ich, dass du dich der wachsenden Anzahl von strebenden, aufrichtigen, spirituellen Menschen anschließt, die in dieser Zeit, auf jedem Kontinent der Erde hervortreten.

Durch unsere Gewohnheit, ein rein verstandesmäßiges Dasein zu leben, haben wir das Gespür für die feinstofflichen Energien verloren. Wir sollten uns wieder bewusst machen, dass wir von unsichtbaren Welten umgeben sind, die nichts Erschreckendes in sich bergen. In diesen Welten finden wir wundervolle

Erfahrungen und eine tiefe Liebe, die alles durchdringt. Die, für unser Auge nicht sichtbaren Energien, lehren uns, unsere Probleme zu lösen und sogar unser gesamtes Sein und die Funktionsweisen unerklärlicher Phänomene zu verstehen.

Durch das Leugnen und den dadurch bedingten Verlust der subtilen Energien ist der Mensch manipulierbar geworden. Hierdurch öffnen wir den Bestimmern die Tore. Der Mensch hat vergessen, was die Essenz Leben bedeutet. Wenn wir beginnen, die subtile Kraft, die hinter unserem Herzschlag steht, wieder wahrzunehmen, dann wachsen wir wieder hinein in unsere „Ich Bin" Präsenz. Ohne das Spüren der Lebensessenz können wir unsere wahre Existenz nicht wahrnehmen. Schon allein dadurch, dass der Mensch von Angst und Leid befallen werden kann, ist ein Hinweis darauf, dass er die „Essenz Leben" nicht fühlen kann. Wer seine wahre Existenz nicht wahrnimmt begibt sich auf die Suche im Außen und der Konsum bekommt einen hohen Stellenwert. Auf diese Weise steigen nicht nur die Kilo an Lebendgewicht, sondern auch die Umsätze der Pharmaindustrie, der Arztpraxen und Kliniken etc. Die Toleranzgrenzen für Schadstoffe in Lebensmittel, in Trinkwasser und Luft werden stets gesetzlich heraufgesetzt und auch durch Alkohol, Nikotin, Zucker und Geschmacksverstärker, wird sichergestellt, dass der Mensch bloß nicht seinen Zustand der

Unwissenheit verlässt. Durch diese Desensibilisierung gegenüber des eigenen Körpers schrumpfen die Chancen, Feinstofflichkeit zu erfahren und verringern die Wahrscheinlichkeiten, das Denken und aktives Handeln bewusst, absichtsvoll und ohne Konditionierung stattfinden kann. Gleichzeitig wird die Gewaltspirale hochgeschraubt, um keinen Zweifel an den herrschenden Bedingungen aufkommen zu lassen. Und das ist die volle Absicht der Herrschenden.

Hier und Jetzt erwecke ich den Impulse meines wahren, inneren Wesens. Im absoluten Vertrauen überlasse ich es dem Geist, wohin er mich führt und erlebe einen Frieden und eine Freiheit, getragen von göttlicher Liebe, die über alles Verstehen hinausgeht.

Eine grundlegende Eigenschaft des menschlichen Geistes ist seine natürliche Offenheit. Der natürliche Geist eines Menschen ist himmelsgleich – unendlich weit, flexibel und unvoreingenommen. Der göttliche Geist im Menschen enthält eine natürliche Wärme, die uns allen die Fähigkeit zur Liebe, das Einfühlungsvermögen und Mitgefühl schenkt. Darin enthalten ist das Empfinden von Dankbarkeit und Anerkennung – auch das wir Zärtlichkeit fühlen können.

So gehört auch die göttliche Intelligenz zum natürlichen

Geist des Menschen und ist für uns jederzeit zugänglich. Wenn wir nicht in die Falle der Hoffnung oder Furcht tappen, ist uns in jeder Lebenssituation intuitiv klar, was wir zu tun haben. Unser Alltagsbewusstsein vernebelt uns oft die Sicht. Durch das Empfinden von Ängsten, Wut, Selbstmitleid und Gier ist der Zugang zu unserer Natürlichkeit blockiert. Das konditionierte Alltagsbewusstsein ist so eingespielt, dass wir oft nicht anders können, als emotional zu reagieren, was wiederum zur Folge hat, das wir viel Unsinn machen und reden. Wenn wir uns in der Dichte des Alltagsbewusstseins nach Liebe, Glück und Frieden sehnen, erfolgt immer eine emotionale Reaktion, die uns aufgrund ihrer Schwingungsdichte tiefer hinabzieht und das Ersehnte in weite Ferne rückt. Es sind die Emotionen, die uns in überzogener Weise ins Elend führen. Aufgrund von Unwissenheit und Unbewusstheit leben wir innerhalb unserer Egozentriertheit und lassen unseren Emotionen freien Lauf. Auf dieser niedrigen Bewusstseinsebene leidet der Mensch an einem geringen Selbstwertgefühl.

Es bedarf nicht viel aus diesem Kreislauf auszusteigen. Kleine Veränderungen im Denken, Fühlen und hinsichtlich unser konditionierten Gewohnheiten, werden sofort mit einem Glücksgefühl, welches du für deinen Mut erhältst, belohnt. So setzt du einen bewussten Lernprozess in Gang, der dich durch das Loslassen alter Gewohnheiten flexibel macht und durch das Fühlen deiner liebevollen Gedanken, dich deiner natürlichen Göttlichkeit näher bringt. Es ist so wichtig, dass wir uns dem Trancezustand unseres Alltagsbewusstsein bewusst werden. Denn so lange wir versuchen in diesem niedrigen Bewusstseinszustand Liebe und Werte zu erlangen, bleiben wir auf der Strecke. Selbst wenn dir die Menschen deiner Umgebung Wertschätzung in Hülle und Fülle entgegenbringen, wird dein Ego immer gefräßiger und du wirst dich nicht aus den Projektionen lösen. Der Mensch muss erfahren, dass er höhere Bewusstseinsebenen in sich trägt auf denen er keine – oder nur geringe Widerstände spürt – auf denen er die „Essenz Leben", die „Ich Bin" Präsenz fühlen kann. Hier wird ihm bewusst, dass sein bisheriges Leben keines war, sondern einem Traum glich.

In früheren Zeiten lebte der Mensch im geistigen Einklang mit der Natur. In allen Erscheinungen erblickt er das Himmlische. So war es ihm auch gegeben mit den Engeln zu reden und mit ihnen im himmlischen Reiche beisammen zu sein, während sich der Körper noch auf Erden befand. Das Geistige war mit dem Natürlichen verbunden und entsprach ihm völlig. Der Mensch wusste um das größte Geheimnis der Welt, nämlich das der menschliche Körper dem Himmlischen gleicht. Es ist kein einziges Teilchen darin zu finden, was nicht dem Geistigen entspricht. Die himmlischen Hierarchien bestehen aus Gattungen und Arten des geistigen und sind so geordnet, dass sie zusammen einen einzige Menschen darstellen. Den Homo Maximus, der größte Mensch, denn der irdische Mensch wurde nach dem Ebenbild Gottes geschaffen.

Doch dann geschah etwas, was diese Entsprechung aufhob. Die Finsternis (Ego) hielt Einzug und legte sich, wie ein bleierner Vorhang vor die himmlische Welt. Weil die Entsprechung verschwand - wurde der Himmel verschlossen. Das der Mensch einst mit Geistern und Engeln denken konnte, geriet in vollkommene Vergessenheit, so sehr, dass kaum noch jemand glauben kann, dass es sie wirklich gibt. Geister und Engel wurden in das Reich der Fabel verbannt, im günstigsten Fall sind sie noch etwas Mystisches, was allerdings keinen Nutzen mehr hat. Es konnte so weit kommen, weil der Mensch weltlich - materiell geworden ist. Erzählen wir ihn von der geistigen Welt, spürt er ein Widerstreben - im schlimmsten Fall sogar einen Ekel. Ohne seines Wissens bezahlt er den Preis dafür schon Jetzt. Er lebt in Angst, Leid und Krankheit - und fürchtet den irdischen Tod. Oh Mensch, was willst du in deinem anderen Leben tun, in dem es nichts weltliches und materielles mehr gibt.

Wir haben doch mittlerweile erkannt, dass es so nicht weitergehen kann und wissen, dass wir uns über unsere eigenen Emotionen erheben können. Wir müssen weiter an uns arbeiten, uns mit unserer geistigen Seite immer mehr vertraut machen, dann werden wir immer deutlicher erkennen, dass die Wahrheit nicht im Irdischen liegt und als Folge dessen werden wir in das tiefe Verstehen hineingezogen, welches uns alles in einem höheren, helleren und klareren Licht erscheinen lässt.

Ein neues Bewusstsein der Liebe und des Friedens lässt uns wieder jene Energien spüren, die wir einst ins Reich der Fabel verwiesen haben.

Die Lebenseinstellung und die Lebensweise unserer Gesellschaft in der heutigen Zeit, wirkt der wahren Energie des Lebens entgegen. Jeder von uns kann es fühlen und jeder, der bereit ist den Weg der Wahrheit zu gehen, erhält ungeahnte, geistige Unterstützung, die das Leben für uns schon vorbereitet hat.

Wir wissen, dass wir alle in einem Spannungsfeld zwischen der geistigen – und der materiellen Welt existieren. Nun ist es von der geistigen Welt so eingerichtet, dass der Mensch, der in seinem Persönlichkeitsbewusstsein lebt, keinen unmittelbaren Zugang zur geistigen Welt hat. Wenn ein rational geprägter Mensch seinen Blick auf die geistige Welt richtet, wird er das, was er erkennt nicht als wahr empfinden können. Krass formuliert könnten ich sagen, der Mensch lebt zwischen Himmel und Hölle. Je mehr sich der Mensch den Reizen der Sinne hingibt – oder sich im Irrgarten der Triebe verliert, je tiefer wird er hinabgezogen in die Dichte. Je tiefer er in die Dichte geht, je mehr verliert sich die Kraft der geistigen Welt. Gelingt es dem, in der Dichte gefangenen Menschen, sich mit liebevollen, klaren und wahren Gedanken zu füllen, wird er zu seiner Mitte hingezogen. In dem Maße, wie er das Gute und Wahre erwählt, wird er aus jener Mitte zum Himmel erhoben. Unser menschlich – verständliches Schubladendenken hält uns davon ab das Große Ganze zu sehen.

Alles wird in Kategorien eingeteilt, so stecken wir Situationen und Menschen, die uns ein bekanntes Gefühl vermitteln – oder identische Muster haben, vorschnell in die scheinbar dazu passende Schublade. Für unseren Verstand ist es unvorstellbar, dass es etwas geben soll, was außerhalb raum – zeitlicher Kategorien existiert. Es ist die größte Schwierigkeit für uns, ein Dasein vorzustellen, welches jenseits unserer Sinneswahrnehmung liegt. Das was wir als Raum und Zeit wahrnehmen, begründet sich auf den Kreisläufen, in denen wir scheinbar eingebettet sind. So vermittelt uns Sonne und Mond, Tage, Wochen, Monate und Jahre ein Raum – Zeitgefühl und bedingt durch den Wechsel von Licht und Schatten, der Wärme und der Kälte entstehen die Jahreszeiten. Diese Raum – Zeit Wahrnehmung ist so tief in uns verankert, dass wir uns nichts anderes vorstellen können.

In der geistigen Welt ist alles ganz anders, denn die Wesen der geistigen Welt kennen weder Zeit noch Raum, sondern nur Befinden oder Zustände. Die geistige Sonne kennt weder Umdrehungen noch Kreisläufe und so vermittelt sie kein Gefühl von Zeit und Raum. Das Licht jener Sonne ist das göttlich Wahre, welches bei den geistigen Wesen Zustände hervorruft. Der Zustand eines geistigen Wesens ist abhängig von der Intensität der Wahrnehmung des geistigen Lichts und der Wärme, welches den Wechsel der Zustände zwischen Licht und Schatten, Wärme und Kälte in unserer Welt entspricht.

Der Mensch, der im Persönlichkeitsbewusstsein lebt hat immer Raum, Zeit und Masse als Subjektive vor sich. Alles was er denkt und tut geschieht in einer Matrix aus Raum und Zeit. Er kann nicht anders als aus den Dingen heraus zu denken und zu wirken. Seine Gefühle entspringen aus den Informationen, die er aus der Sinneswelt erhält. Das subjektive wahrnehmen und fühlen werden im Gemüt als Wahrheit aufgenommen.

Jedoch der Mensch, der sein Persönlichkeitsbewusstsein überwindet – der Seele die Führung überlässt und zum Geistesmenschen heranreift sieht die Dinge nicht mehr als Subjekte, sondern objektiv als Gegenstände seiner

Betrachtung. Er sieht durch seine Augen das Gleiche wie zuvor, doch betrachtet er es im Licht des Himmels und er erschaut nur jene Dinge, die mit seiner Liebe übereinstimmen. Er erkennt die Wirklichkeit und Weisheit hinter den Dingen und Erscheinungen, sowie die Liebe des Willens, dessen der es erschaffen hat.

Die Ursache des Problems unserer Zeit ist Unwissenheit und Arroganz und beide bedingen sich gegenseitig, denn das Eine könnte ohne das Andere nicht existieren. Wir sind in einem System gefangen, das uns weiß machen will, wir könnten die Welt nicht ändern. Wie oft habe ich den Satz schon gehört : Wie soll ich, als kleiner Mann, die Welt verändern" ? Die Antwort ist einfach : „ Verändere dich, so veränderst du die Welt". Wir können zwar kollektiven Ausdruck zeigen in dem wir an Protestmärschen oder Demonstration teilnehmen, aber ohne eine Bewusstseinserweiterung werden wir nichts verändern, wir nehmen lediglich an einer programmierten Unwissenheit teil. Es gilt herauszutreten aus der eigenen Kurzsichtigkeit über Rasse, Kultur, Beruf, Religion, Sexualität und gesellschaftlicher Programmierung. Diese Matrix, in der wir unser Scheinleben führen, will verhindern, dass wir die große Wahrheit erkennen, das wir alle Ein - Bewusstsein sind, mit unterschiedlichen Erfahrungen. Jeder Mensch würde seine Talente und Fähigkeiten für den Anderen, aus

Nächstenliebe, einsetzen. So würde Politik und Wirtschaft, als Bestimmer der Menschen, überflüssig. Wissen und Bewusstseinserweiterung sind bedrohlich für diese Scheinautoritäten. Die Menschheit wird auf das Bekannte konditioniert und es scheint einen Anreiz zu geben, das Unbekannte zu ignorieren. Du allein träumst deinen Traum und nur du allein kannst ihn sehen. Dieses System ist darauf aufgebaut, dass die Unwissenheit der Menschen, um jeden Preis aufrechterhalten wird und nur so kann es überleben.

Harmonie und Konflikt

Jeder Einzelne von uns besitzt die Fähigkeit aus alten Mustern herauszutreten. Der Wille aus dem Herzen und die Erkenntnis, das es so nicht mehr weitergeht, sind die ersten Schritte, auf einem neuen Weg. Es stellt sich die Frage, auf welche Weise wir unsere innewohnende Intelligenz nutzen können, um den eigenen Seelenweg bewusst zu gehen. Auf meinem Seelenweg war und ist das Wichtigste, der Glaube und das Vertrauen – das Feststehen in Gott. Meine Sichtweise auf die Welt und der Menschen veränderte sich zunehmend mit wachsendem Vertrauen, Klarheit und Bewusstheit.

Wenn ich den Schöpfungsprozess verstehe und ihn für wahr annehmen kann - wenn ich nach und nach die

Kreisläufe der Natur und des Universums verinnerliche, beschleicht mich eine Ahnung, wie das große Ganze zusammenwirkt.

Die Verbindung zwischen Materie und Energie (Liebe) bezeichnen wir als Leben und alles was existiert gibt sich dem Strom des Lebens hin. Im Strom des Lebens wächst alles bis zu einer bestimmten Reife, erreicht die Blühte, um dann wieder seine Form zu verändern. Der Sinn des göttlichen Lebens ist es, die Seele zu erwecken und sich ihrer bewusst zu werden. Die Seele ist jene Wesenheit, die im Menschen geboren wird, wenn der geistige und stoffliche Aspekt miteinander in Beziehung treten. Die Seele ist die Instanz in der Materie, die Bewusstsein, Empfindungen und Intelligenz hervorruft. Der göttliche Wille ist in jedem Leben fest verankert und er ist jener Impuls, der uns - und alles existierende, zur Höherentwicklung vorantreibt, um im Laufe der Zeit zu einer höheren, immer feineren Form göttlichen Ausdrucks zu werden. Der Wille Gottes, der aus der Einheit entspringt, bewirkt, dass sich das EINE Leben, in der Materie in viele Einzelteile trennt, jedoch dem ständigen Drang unterliegt zur Einheit zurückzukehren und dieses Endziel ist garantiert.

Wenn die Höherentwicklung einer Lebensform beengend wird und dem göttlichen Leben entgegensteht, wird sie durch seinen Willen zerstört. Dieses bezieht sich auf kosmische wie irdische Lebensformen, auf Religionen, Regierungen, Kulturen, Menschen, Tiere und Pflanzen. Es betrifft Formen, die nicht mehr zeitgemäß sind und die geistige Weiterentwicklung des Lebens hemmen.

Die Aufgabe der Menschheit ist es, zum Mitschöpfer in der Welt zu werden, indem wir, kraft unseres eigenen Denkens, Formen erschaffen, die dem göttlichen Plan dienen. Leider ist es heute viel zu selten der Fall, denn die meisten Dinge, die der Mensch erschafft, dienen weder dem göttlichen Plan noch dem menschlichen Seelenbedürfnis. Doch so nach und nach erwachen die Menschen, weil ihnen die Tatsache bewusst wird, dass das eigene Denken in ursächlichen Zusammenhang mit dem eigenen Schicksal steht, weil die Gedanken eines Menschen seine Lebenswirklichkeit erschaffen. Seelenbewusstsein kennt weder Trennung noch Konkurrenz, weil es sich mit allem Lebendigen in Liebe verbunden fühlt ; es führt uns zu schöpferischen Denken, welches uns mit dem Willen Gottes verbindet und nur durch diese Verbindung können wir eine neue Lebenswirklichkeit erschaffen. Diese Harmonie kann nur entstehen, wenn Konflikte vorausgehen. Diese Konflikte entstehen durch die gegensätzlich wirkenden Kräften des Geistes und der Materie, oder aus dem Wechselspiel zwischen Leben und Form, die um die Vorherrschaft ringen und verursachen Leid, Schmerz und Krieg und zwar solange bis sie als die beiden zusammengehörigen Teile der Einen Seele erkannt werden. Harmonie kann nur erreicht werden, wenn wir die Widersprüchlichkeiten in der Welt und in uns als zwei sich entsprechende Teile eines harmonisch geordneten Ganzen sehen. Es ist die Denkhaltung des Seelenbewusstseins, die inneren Frieden und Harmonie entstehen lässt.

Die Seelenebene ist geweckt, wenn wir intuitiv erkannt haben, dass wir nicht voneinander getrennt – sondern Teile einer universellen Seele sind. Wir alle haben die Fähigkeit, mit Hilfe der göttlichen Gabe der Vorstellungskraft ein kreativ – schöpferisches Leben zu führen und Formen zu erschaffen, die nicht nur zweckmäßig sind, sondern die uns als Folge innerer Harmonie und Schönheit offenbart werden.

Energie der neuen Welt

Die Energie, die wir für eine neue Welt brauchen, ist bereits auf der Erde angekommen und sie will wahrgenommen und gelebt werden. Unser aller Bewusstsein besitzt die Fähigkeit, sich auf diese feine, liebevolle Energie einzustimmen. Die Energie selbst, trägt all das Wissen der neuen Zeit in sich. Wir müssen ganz im gegenwärtigen Moment bleiben und unser Herz für das

Neue öffnen – uns werden neue Bilder, neue Träume und neue Inspirationen erreichen, die aus unserem wahren Selbst kommen. Diese Zeit nehme ich als einen Prozess wahr, in dem ich zunehmend mehr aus meinem Ego austrete und mein wahres Selbst deutlich spürbar wird. Das wahre Selbst besitzt genau die Schwingungsfrequenz, die wir benötigen, um uns, für ein Leben in einer höheren Dimension einzustimmen. Nur die Kraft der Liebesenergie ist in der Lage, die Tore der Erinnerung aufzustoßen, um in das höhere Bewusstsein der Einheit und Ganzheit einzutreten. Das Wissen, welches wir für den Übergang brauchen, wird uns von der geistigen Welt gegeben, wir müssen nur für diese Impulse empfänglich sein.

Wenn wir den Ruf der Ganzheit nicht wahrnehmen und diese Chance nutzen, werden wir in eine tiefe Traurigkeit verfallen, deren Auswirkungen nicht absehbar sind. Wir müssen jetzt damit beginnen die Kluft zwischen Geist und Materie wieder zu verschließen, um in Kontakt zu kommen mit der Heiligkeit der Schöpfung. Die Rückkehr zu unseren Wurzeln ist gleichzeitig eine tiefe Verbindung zu Mutter Erde, die dringend unsere Hilfe braucht, um wieder ins Gleichgewicht zu kommen.

Wir sollten uns darüber im Klaren sein, dass alles was der Erde geschieht auch uns Menschen widerfährt, denn wir sind in Wahrheit nicht getrennt von ihr. Eine Welt, deren Seele sich hinter einem Vorhang verbirgt hat keine Chance

zu überleben, aber im Fluss der Natur allen Seins, wird
Leben niemals enden.

Die wahre Liebe ist der Türöffner zu einer vergessenen
Welt, sie wandelt die Schwere in Leichtigkeit und
verwandelt das Dunkle ins Licht.
Aus dieser Liebe wird der Frieden geboren,
nach dem sich unsere Herzen sehnen. Wahre Liebe ist
Sanftmut,Wahrheit und Harmonie
und es ist der Sinn des Irdischen Lebens,
diese vergessen Welt wiederzuentdecken
Lebe deine Seele,
so lebst du deine Wahrheit in Liebe und Freiheit
und all das Verborgene wird sichtbar.

Die Schöpfung ist eine, in sich kreisende Bewegung, die
wir Universum nennen und in der sich das Licht zur
Materie verdichtet. Die Schöpfung ist eine Hierarchie, die
sich in unzählige Bewusstseinsdimensionen aufteilt und
jede Dimension besteht aus beseelten Wesen, die sich von
der feinstofflichsten göttlichen Quelle bis zur Peripherie
des Kosmos erstrecken. Es ist die unterste Peripherie des
Kosmos, den wir Menschen als Raum wahrnehmen
können. Die menschliche Seele besteht aus der Ur –
Energie, die aus dem Licht der Quelle erschaffen - und
durch den Abstieg des Geistes zur Materie verdichtet

wurde. Man kann sagen, was aus dem Licht geboren
wurde und sich zu Materie verdichtet strebt wieder zum
Licht zurück. Der für uns wahrnehmbare Kosmos ist die
Widerspiegelung der geistigen Hierarchie in ein sichtbare
Bilderwelt. Er ist der einzig sinnhaft wahrnehmbare
Schwingungsbereich für den Menschen. Die Energien der
geistigen Welt, die auf den Menschen einwirken und unser
alltägliches Leben beeinflussen nennen wir Wirkkräfte und
die für uns Menschen erfahrbare und sichtbare oder
manifestierte Energien nennen wir Bildkräfte. Nun
erfahren wir Menschen in der Dichte der dritten Dimension
ein Wechselspiel zwischen diesen beiden ständig
wirkenden Kräften.

Für uns Menschen relevante Energien sind der Wille als
Schöpferkraft, die Liebe als Gestalterin zur
Sichtbarmachung und der Geist als Durchdringung
jeglicher Gestaltung mit Bewusstsein. Was bedeutet
dieses Wissen für uns ? Im Alltagsbewusstsein erreichen
uns immer mal wieder schwere Energien oder negative
Impulse, die uns schlechte Gefühle bereiten. Nun sind
diese negativen Impulse immer auf der Suche nach einem
Träger, d.h. Sie binden sich an einen Körper um über
diesen sichtbar, fühlbar und erkennbar zu werden. Ob wir
es nun glauben können oder nicht, auch im Erleben von
negativen Manifestationen wirkt die Liebe, denn sie
bewirkt die Sichtbarmachung aller Dinge. Erst wenn wir

erkennen und fühlen können, dass uns negativ Situationen aus Liebe gezeigt werden, können wir das Leben als Lernprozess verstehen.

Der Wille Gottes und seine Liebe ist die Impulskraft, die das Sein hervorruft. Der menschliche Wille gebunden an Liebe ist die Impulskraft, die sein Leben gestaltet. Somit ist der Mensch der Schöpfer seines eigenen erfahrbaren Lebens. Der Mensch, der in der Dichte gefangene ist empfindet das Leben oft als ungerecht und macht vorschnell andere Menschen für sein Leid verantwortlich. Dieses Verhalten basiert auf Unwissenheit gegenüber den ständig wirkenden Energien.

Der magische Schlüssel zu einem mühelosen und glücklichen Dasein liegt immer in der Art und Weise, wie wir den täglichen Herausforderungen begegnen. So ist es die innere Einstellung zu unserem Leben, die über Erfolg oder Misserfolg entscheidet. Der Wille Gottes ist in jedem Atom enthalten und wenn wir es zulassen, werden wir durch seinen Willen geführt. Wenn wir glücklich sind, sind wir immer in Übereinstimmung mit dem göttlichen Plan. Das was wir einst als Zufall oder Wunder bezeichnet haben, erkennen wir im erweiterten Bewusstsein als göttliche Energien , die dafür da sind unser Leben in die für uns vorgesehene Bahn zu lenken. Auf diese Weise gelangen wir in die kosmische Ordnung und erfahren eine

Leichtigkeit und eine vollkommene, neue Lebensqualität. Die Erkenntnis das unser Leben nicht zufällig ist und jegliches Dasein ein ganz bestimmtes Muster – einen Sinn und Zweck hat, lässt uns unsere innere Aufgabe besser bewusst werden.

So lange der Mensch nicht weiß, dass er in einem eingeschränkten Bewusstsein lebt, kann er seinen Zustand nicht verändern. Aber eine Bewusstseinserweiterung kann durch einen sog. Aha – Effekt jede Sekunde geschehen. Ein Zusammenziehen des Bewusstseins wird verhindert durch die Liebe zu Allem was ist. Die Liebe hält das Bewusstsein weit und uns erreichen immer neue Erkenntnisse und Lösungen. Allerdings ist es von äußerster Wichtigkeit zu wissen, dass durch das Halten eines höheren Bewusstseinszustandes, Veränderungen im Gehirn vollzogen werden, die vorübergehend Angst und Panik auslösen können. Wenn wir dieses Wissen verinnerlicht haben bleiben wir, bei einer Bewusstseinserweiterung mit nachfolgender Panikattacke, innerlich vollkommen ruhig,, denn wir wissen, dass es sich hierbei um eine Reaktion des Gehirns handelt, das sich erst an die neuen Gegebenheiten gewöhnen muss. Es ist an der Zeit, dass sich die Menschheit für die Bewusstseinserweiterung öffnet und endlich damit beginnt die unseligen Ego – Blockaden wegzuräumen. Die breite Masse der Menschheit hat es noch nicht begriffen, dass es dringend das neue Bewusstsein bedarf um sich der Schwingungsveränderung der Erde und dem erhöhten Energieeinfluss, der uns aus dem Kosmos erreicht, anzugleichen. Der Kosmos ist jene Instanz, der uns die Ordnung für das Leben vorgibt. Leisten wir Widerstand gegen Veränderung, so werden wir diese Energien in Form von Leid spüren. Öffnen wir uns für die Veränderung sind wir im Einklang mit den kosmischen Gesetzen und erfahren Leichtigkeit und Fortschritt in unserem alltäglichen Leben.

Es ist nicht verwunderlich das wir Menschen unser Bewusstsein lange Zeit auf die materielle Welt ausgerichtet haben, denn einerseits waren die Energien, die uns erreichten sehr dicht und Bewusstseinserweiterung hinsichtlich der geistigen Sphären war fast unmöglich. In diesen finsteren, dichten Zeiten haben wir nur gesehen, was wir wussten und unser Bewusstsein erfasst nur das worauf es ausgerichtet war. So wurde uns über lange Zeit der Zugang zur Kraft des Schöpfers versperrt. Innerhalb dieses Zeitraumes erbauten wir eine Welt, die vom Heil wegführte, jegliche Ideen die Welt des Menschen zu verbessern, trugen nie zur Menschwerdung im Sinne des Schöpfers bei. So müssen wir erkennen, dass der Mensch, durch eigene Bemühungen, aus sich selbst heraus, seine

Welt nicht in die kosmische Ordnung zurückführen kann. Nur die Umkehr zu dem Göttlichen in sich, heilt den Menschen. Die Zeit in der wir heute leben ist dafür geschaffen, dass wir uns wieder mit den tieferen Schichten der Schöpferkraft verbinden, denn davon hängt nicht nur das Glück jedes Einzelnen ab – sondern es ist richtungsweisend für die Zukunft von Erde und Menschheit.

Der Weg zum Heil

Der Weg vom Gläubigen zum Wissenden kann ein langwieriger Lernprozess sein, aber der Weg vom Wissenden zum Weisen ist wesentlich schwieriger. Wissen können wir uns zu eigen machen, aber es ins Leben zu bekommen ist wohl die größte Herausforderung auf unserem spirituellen Weg. Stell dir vor du hättest alle alten, belastenden Muster abgelegt und eine neue Freiheit gefunden, in der jegliche Begrenzung und Engstirnigkeit keinen Raum mehr hat. Es ist eine vollkommene Befreiung von der Vergangenheit, in der du dich selbst als Kind Gottes wahrnimmst. Du lebst in der allumfassenden Liebe von Augenblick zu Augenblick und in der Einstellung des vollkommenen Vertrauens zum Unendlichen. Verbindest du dich mit dem unendlichen, liebevollen Bewusstsein erfährst du, dass „Es" dich ständig versorgt mit allem, was du für dein vollkommenes Leben brauchst. Du erlebst, dass deine innerliche Überzeugung die Wahrheit ist. Du erlebst das du das wert bist von dem du überzeugt bist. Wer glaubt, dass er aufgrund einer Disharmonie im Körper krank sei, der gelangt schnell in die Überzeugung, das es wirklich so ist. Wer aber an Harmonie und Liebe glaubt und davon überzeugt ist, dass alles gut ist, wie ist, der überträgt seine Überzeugung auf jede Körperzelle und gelangt zum Heil und bleibt im Heil. Das Leben so zu bejahen wie es sich zeigt bringt Harmonie in Körper, Geist und Seele. Unser inneres Wesen können wir nicht verändern, denn es bleibt was es ist, nämlich Liebe. Wenn wir unsere Gedanken auf unser wahres Wesen ausrichten, wird das geschehen, was wir Menschen Wunder nennen und nichts anderes ist als die Wirklichkeit der geistigen Welt. Gelebtes Wissen Schritt für Schritt in unser Leben einfließen lassen, ist der Weg zum Heil.

Wir Menschen streben danach dauerhaft in der Energie der Liebe zu bleiben und wir spüren besonders in der heutigen Zeit, dass es unsere kollektive Aufgabe ist, die himmlische Liebe auf die Erde zu holen. Doch jeder Einzelne, der den Weg der Liebe geht wird spüren, dass er nur mit einen Teil des göttlichen Potenzials verbunden ist und das die Liebe ihn nur in Wellen erreicht. Gerade zu beginn des spirituellen Weges empfinden wir es als lästig, immer wieder, aus der göttlichen Energie herauszufallen und glauben etwas falsch gemacht zu haben und wir tun alles mögliche dafür um in den Fluss der Liebe zurückzukehren. Der Anspruch stets in der Liebe zu sein ist gut und richtig, aber leider haben wir vergessen weshalb wir hier auf der Erde sind. Wir sind hier in der Dichte angetreten um Lernerfahrungen zu machen. Mit Hilfe des höheren Selbst haben wir einen Seelenplan erstellt, in dem beinhaltet ist, was wir in jeden Moment erleben.

Wir glauben von manchen Menschen, dass sie von ihrem Lebensweg abgekommen sind, weil sie Dinge tun, die nicht unserer moralischen Vorstellung entsprechen, aber Gott ist nicht moralisch, sondern nur der Verstand des Menschen. Nur aus dem Verstand heraus werden wir auch nie begreifen, dass Mörder, Vergewaltiger und Kinderschänder lediglich Erfahrungen machen, genau wie jene, die wir als Opfer sehen. Der moralische Verstand des Menschen verurteilt, ohne zu wissen, dass auch in den finstersten Ebenen des Bewusstsein die Liebe Gottes die Gestalterin ist. Ob wir es nun glauben können oder nicht, auch in negativen Manifestationen wirkt die Liebe, denn sie bewirkt die Sichtbarmachung aller Dinge. Wenn wir spürbar erfahren, dass auch im Leid die Liebe Gottes wirkt, beginnen wir die Illusion zu durchschauen. Der dichte Vorhang der Finsternis hebt sich und der Weg ins

Licht beginnt. Bedenke, dass du es selbst warst, der sich für das Dualitätskonstrukt entschieden hat – das du es selbst warst, der sich dazu bereit erklärt, die scheinbaren Widrigkeiten der Dichte als Aufgabe zu erkennen und zu lösen. Und bedenke, wärst du immer in der Energie der Liebe, würdest du diesen Mechanismus aufheben.

Wenn es uns gelingt jene Mechanismen zu überwinden, die uns in der Dichte – im niedrigen Schwingungsbereich festhalten, dann wirkt plötzliche eine liebevolle Energie auf uns, die wir nie zuvor gespürt haben und wir beginnen, dass Spiel der Energien zu verstehen und wir erlangen zunehmend mehr ein Verständnis dafür, das Leben selbst als Spiel zu erkennen und plötzlich fließt alles zusammen was erhofft wurde. „Werdet wie Kinder und ihr werdet ins Himmelreich eingehen". Das Leben in der Dichte besteht immer aus Gelingen und Scheitern auch hier schlägt der Pendel unaufhörlich hin und her. Jedoch in höheren Bewusstseinsdimensionen überwiegt das Spüren von Licht und Liebe und erhöht unsere eigenen Schwingung so sehr, dass Scheitern als solches nicht mehr empfunden wird. Unser Herzenswille, etwas im Leben zu verändern, ist immer die erste und wichtigste Instanz. Ein an Liebe gebundener starker Wille aus dem Herzen wird deine inneren Bilder manifestieren und auf diese Weise werden jene Wünsche wahr, die dein Herz erfreuen.

Ein äußerst wichtiges Hilfsmittel auf unserem spirituellen Weg ist das Verstehen der Lehre der geistigen Entsprechung.. Es wird soviel über das Herz und der Wichtigkeit das Herz zu öffnen geschrieben, dass ich es für sinnvoll halten kurz etwas über die Entsprechung des Herzen zu schreiben. Die Entsprechungslehre ist eine Brücke zwischen der geistigen und materiellen Welt. Da Gott uns eine innere und eine äußere Wahrnehmung gegeben hat, leben wir in zwei Welten. Mit unserem Körper und den dazugehörigen Sinnesorganen leben wir in der physischen Welt, doch gleichzeitig leben wir der in geistigen Welt, die wir über die Seele und dem Mind wahrnehmen. Impulse und Bilder, die uns aus der geistigen Welt, über unser Gehirn vermittelt werden, halten wir meist nicht für real und erkennen sie nicht als Kommunikation zwischen Seele und Körper. Auch wenn wir die inneren Bilder nicht deuten können, versorgt die kosmische Energie nicht nur unseren Körper mit Impulsen, sondern sie fließt in ihn ein und belebt ihn. Die im Willen wohnende Liebe nutzt die dem Verstand angehörende Weisheit um sich in der physischen Welt auszudrücken. Wir spüren diese Energie in den alltäglichen Dingen, wenn es darum geht unsere Grundbedürfnisse zu befriedigen, aber auch in den persönlichen Ansprüchen unser Leben zu gestalten. Der Mensch, der nicht weiß, dass sein Leben Liebe ist, kann glauben es sei nur ein bloßes Empfinden und Handeln oder vielleicht auch nur pure Gedanken. Die Wahrheit ist, dass der Gedanke die erste Instanz ist, dem Empfinden und Handeln, als zweite Instanz, folgt. Gedanken sind Impulse der geistigen Welt und deren Empfinden den Gemütszustand bilden und welche Entsprechung beim Menschen gerade zur Wirkung kommt, kann man ihm vom Angesicht ablesen. Alles was im Körper des Menschen abläuft, durch sein Art zu sprechen, seine Gestik und Mimik verrät die Entsprechung auf geistiger Ebene. Gelebte Entsprechungen können wir gut studieren, wenn wir auf die Körpersprache eines Menschen achten.

Wir alle wissen, wie wichtig die Funktion unseres Herzens ist. Betrachten wir es anatomisch oder physiologisch, so gleicht es, in seiner Tätigkeit, einer Gartenteichpumpe. Das in der Lunge, mit Sauerstoff und Nährstoffen, angereicherte Blut, wird zur linken Herzhälfte transportiert und von dort aus, durch die Aorta, bis in den letzten Winkel unseres Körper hinauskatapultiert. Gleichzeit wirkt die rechte Herzkammer, während ihrer Entspannungsphase, wie ein Sog und zieht somit das sauerstoff – und nährstoffarme, aber kohlendioxidreiche Blut zurück zur rechten Herzhälfte. Von dort gelangt es wieder zur Lunge um das Kohlendioxidreiche Blut abzugeben und um Sauerstoff und Nährstoffe zu erhalten, dass von jeglichen Gewebe im Körper, zur Lebenserhaltung, benötigt wird. Die

Funktionen von Herz, Lunge und Blut stellen eine äußerst wichtige Entsprechung oder Vorbildung auf geistiger Ebene dar. „Gott erschuf den Menschen nach seinem Ebenbild" Das feinstoffliche Herz ist der Sitz des Willens - alles Gute im Menschen und der Liebe. Die Lunge entspricht dem Verstand und den Gedanken, die mit dem Willen und der Liebe im ständigen Kontakt, sowie im Austausch stehen. Das zirkulierende Blut entspricht der fließenden – aktiven Liebe. Die aktive Liebe und der Glaube entsprechen den Rhythmus des Herzen – dem Entspannen und dem Zusammenziehen. Wille und Liebe entsprechen Verstand und Glaube. So kann es keinen Glauben ohne aktive Liebe geben, denn der Glaube ohne aktive Liebe ist wie das Atmen der Lunge ohne das Herz. Auf diese Weise bringt die aktive Liebe durch den Glauben den Nutzen hervor, wie das Herz durch die Lunge die Handlung. Die geistige Welt weiß um Beschaffenheit unserer Atmung, wie es mit unserem Glaube bestellt - und am Schlag des Herzens, wie unsere aktive Liebe beschaffen ist.

Bis der Mensch versteht das Liebe aktiv gelebt werden will vergehen viele Leben. Das Dunkle und das Leiden wurde dem Menschen gegeben um das er sich nach der Liebe sehnt. Die Sehnsucht nach dem Licht wirkt wie Sog, der uns in die Einheit hineinziehen soll.

Es gilt zu verstehen das Geist und Materie mit einander korrespondieren. Es ist die Verbindung zwischen Energie und Gedanken, denen gleiche Strukturmuster zugrunde liegen. Wenn wir die Energien nutzen enthüllt sich uns, die in der Manifestation verdeckte Idee – der Plan Gottes. Form oder Materie ist reine Illusion, sie bildet lediglich ab und verhüllt gleichzeitig den Plan und die Selbstoffenbarung Gottes. Um diese Geheimnisse aufzulösen sind wir hier und die Liebe ist die alleinige Führerin. Ohne Liebe werden wir die Geheimnisse Gottes nie gewahr. Aus der Quelle allen Seins fließt die Urenergie als Licht, deren unbeschreiblich starken Energien aus Wille , Liebe und den Geist Gottes besteht. Die gesamte Schöpfung besteht aus dieser Urenergie, die sich in hierarchisch gegliederten Abstufungen in unterschiedlichen Frequenzbereichen darstellt. Doch die gesamte Energie ist durch das Licht , mit seiner unendlichen Vielfalt, als eine sich gemeinsam entfaltende Einheit verbunden. Deswegen gilt auch für Menschen, nichts steht still, alles ist in ständiger Bewegung, denn wir gehören zu dieser Einheit. Wir Menschen sind geistig – göttliche Wesen und wenn wir erkennen und spüren, dass wir in Einheit mit den göttlichen Energie sind, dann sind wir in der Liebe und Harmonie, die uns auf unserem Seelenweg sicher führt, denn der Plan Gottes ist im Seelenweg enthalten.

Die gesamte Schöpfung ist von der Allseele mit Leben

durchdrungen und das was wir als heiligen Geist bezeichnen ist der Ideengeber im Willen Gottes. Aus der Dreiheit (Trinität) der Urenergie, dem Willen als Schöpferkraft, der gestaltgebenden Energie der Liebe, und dem Heiligen Geist als Durchdringung aller Gestaltung mit Bewusstsein, leiten sich alle weiteren Energien ab. Die göttlichen Energien vollziehen einen Abstieg bis hin zum Kosmos, der niedrigschwingensten Energien der gesamten Schöpfung. Im niedrigschwingenden Kosmos spiegelt sich die geistige Welt durch die Formen – und Gott durch den Menschen wider, denn Gott erschuf den Menschen nach seinem Ebenbild.

Tanz der Energien – die Melodie Gottes

Leben ist ein ewiger Tanz der Energien – ein Geborenwerden und Sterben und so vollzieht sich in jedem Augenblick die Evolution. Gott ist ein Kommen und Gehen. Auch wir Menschen werden uns wieder auflösen um in eine neue Form überzugehen, dabei verlieren wir unsere alte Identität, doch das ist unwichtig, denn es inkarniert immer nur die erste Wirklichkeit, die wir Gott nennen. Die Wirklichkeit kennt keinen Wandel, keine Zeit und keinen Raum, denn Zeit und Rum entstehen durch Formen, die kommen und gehen. Das gesamte Leben ist ein zeitloser Tanz der Energien, der niemals endet. Der Sinn des Tanzes liegt darin Augenblick für Augenblick das Leben Gottes zu leben. Doch sind es wir Menschen selbst, die die Musik zum Tanz der Energien komponieren, mit dem Ziel zu klingen, wie die Musik Gottes. Sind wir im Einklang mit Gott, wird unser Leben leicht, friedlich, liebe – und lichtvoll. Doch bis wir die richtigen Töne treffen leiden wir um den Takt und die Melodie Gottes zu lernen.

All das zu begreifen liegt außerhalb des menschlichen Verstandes und kann nur mittels spiritueller, mystischer Erfahrung unmittelbar erlebt werden. Wer den Tanz der Energien erlebt verliert die Angst vor dem Sterben, weil er erkennt, dass Leben niemals vergeht.

Der Geist des Menschen ist eingehauchtes Leben und somit eine unvergängliche Daseinsform, die sich innerhalb einer Seele manifestiert. Der Geist bedient sich der Seele um seine Strahlungskraft, sein Wirken und Handeln, in die Tat umsetzen zu können. Die Seele vergeht niemals, sie wurde dem Geist als untrennbares Hilfsmittel durch die Ewigkeit mitgegeben. Auf diese Weise geht Gott mit uns durch das Leben, durch diese Zeit. Seele, Geist und Schöpfer sind nicht zu trennen und ergeben die unsterbliche Dreieinigkeit. Die Dreieinigkeit ist in jedem Menschen vorhanden und durch sie sind wir alle miteinander verbunden. Erfühlen können wir es nur durch die Liebe zueinander. Diese Dreieinigkeit ist unser Leben und aus dem Leben entsteht das Bewusstsein zu realisieren, was Leben eigentlich bedeutet. Dort wo die lebendige Melodie Gottes erklingt, wirkt das wahre Leben, die Weisheit und die Liebe.

In der großen Leere im unendlichen Nichts strömt der Atem Gottes in mein Sein.
Das allumfassende Gewahrsein breitet sich in mir aus.
Hier weiß ich wer ich bin –
ein körperloses Wesen ohne Namen.
Ich bin Liebe und Leere alles und nichts. Hier atme ich den göttlichen Augenblick,
der mich absichtslos durchdringt und dessen wunderbarer Teil „Ich Bin".
In diesem all – existierenden, liebenden Sein, bin ich selbst die liebende Kraft, die heilende Demut und die Weisheit des Lichts. Raus aus Zeit und Raum spüre ich den ewigen Moment in der Stille der Unendlichkeit. Leere – Stille – Absichtslosigkeit kein Wollen und Brauchen nur Liebe und Einfach sein. Ich höre den Ruf meiner Seele in Liebe und Klarheit nehme ich ihn wahr. Mit Vertrauen im liebenden Herzen kehre ich zurück in mein irdisches Sein und ich bin geborgen in der Liebe des Schöpfers.

Die Zeit des Wandels

Wir leben in einer großartigen Zeit, in der sich die Energien
deutlich spürbar verändern. Jene Menschen, die bereits
erwacht sind nehmen die Veränderungen im Außen
deutlich wahr. Die alten Systeme halten den neuen
Energien nicht stand. In ihrem Inneren spüren sie eine
tiefe Sehnsucht nach etwas Tieferem und
Bedeutungsvollerem, als die ständige Jagd nach
materiellen Dingen. Ihnen wird klar, dass materieller
Überfluss und übermäßiger Konsum nicht der Weg zur
Erfüllung ist und kein dauerhaftes Glück verspricht.
Ich möchte an dieser Stelle Pastor Bob Moorhead zitieren,
der auf die Frage, was stirbt, folgendes antwortete.

Dies ist das Paradox unserer Zeit : Wir haben höhere
Gebäude aber eine niedrige Toleranz, breitere Straßen,
aber einen engeren Horizont. Wir geben mehr aus, aber
haben weniger. Wir kaufen mehr, aber freuen uns
weniger.Wir haben größere Häuser, aber kleinere Familie,
mehr Annehmlichkeiten, aber weniger Zeit. Wir haben
mehr Bildung, aber weniger Verstand, mehr Wissen aber
weniger Urteilsvermögen, mehr Experten, aber auch mehr
Probleme, mehr Medikamente, aber weniger
Wohlbefinden. Wir vervielfachen unseren Besitz, verlieren
aber unsere Werte. Wir reden zu viel, lieben zu wenig und

hassen zu oft. Wir wissen wie man seinen Lebensunterhalt verdient, aber nicht wie man lebt. Wir geben dem Leben Jahre, aber den Jahren kein Leben. Wir fliegen zum Mond und zurück, aber schaffen es nicht über die Straße um einen neuen Nachbarn zu begrüßen. Wir erobern den Weltraum, aber nicht unser Inneres. Wir tun größere, aber nicht bessere Dinge. Wir haben das Atom, aber nicht unsere Vorurteile besiegt. Wir schreiben mehr, aber lernen weniger. Wir planen mehr, aber erreichen weniger. Wir haben gelernt uns zu beeilen, aber können nicht warten. Wir bauen immer mehr Computer, um mehr Information zu speichern, um mehr Kopien anfertigen zu können als je zuvor, aber geben uns immer weniger miteinander ab. Dies ist die Zeit doppelter Einkommen, aber höherer Scheidungsraten, schickerer Häuser, aber zerrütteter Familien. Es ist eine Zeit der vollen Schaufenster und der leeren Lager.

Wir werden Zeuge eines Paradigmenwechsels, in dem das Alte vergeht und etwas Neues entsteht. Wenn der Mensch bereit ist, sich den neuen Energien zu öffnen, wächst er in ein neues Bewusstsein hinein. Viele Menschen spüren bereits, dass Leben nichts zufälliges und oberflächliches ist und eine tiefere Ebene der Wirklich in ihnen erwacht. Es ist die Zeit der Seele – des Seelenbewusstseins, eine neue Lebensqualität hält Einzug, die das Spirituelle zum

Zentrum der eigenen Lebensaufgabe macht. Im fortschreitenden Prozess der spirituellen Entwicklung werden die erwachten Menschen mit dem Seelenauge sehen und mit ihrem Herzen fühlen. Es wird ihnen leichter fallen sich selbst und andere zu akzeptieren , sie werden nicht mehr von der Meinung anderer abhängig sein. Sie werden in sich immer friedlicher und stiller, empfinden zunehmend mehr bedingungslose Liebe und gewinnen somit immer mehr Vertrauen in Gott.

Durch den Kontakt zur eigenen Seelen löst sich die Enge des Persönlichkeitsbewusstseins auf. Grenzen verschwinden und neue Ideen halten Einzug. Plötzlich erscheint uns unser Bewusstsein grenzenlos. Wir erkennen, dass Leben niemals als Kampf gedacht war, sondern sich aus der Quelle entfaltet. In Zeiten der Angst zog sich unser Bewusstsein zusammen, wir wurden immer dichter und Leiden war die Folge, aber nun gewinnt der Mensch wieder Vertrauen in die göttliche Führung und erkennt zunehmend mehr den tiefen Sinn des Lebens und des Seins. Durch das Vertrauen zu Gott und durch die wachsende Erkenntnisfähigkeit wächst der Mensch in ein weites, liebendes Bewusstsein hinein und dieses liebende, weite Bewusstsein entfernt sich zunehmend mehr aus den niedrigen Schwingungen der dritten Dimension.

Menschen, die sich in das Seelenbewusstsein hinein entwickeln, werden innerlich, wie ein stiller ruhender See.

Auch wenn zu Beginn der Entwicklung sich die Wasseroberfläche kräuselt, ist er in sich tief ruhend. Die Zeit verliert an Bedeutung, denn sie wird als Illusion erkannt wird, ebenso wird das Suggestive – Manipulative, durch andere Mensch, sofort durchschaut. Situationen oder Dinge, die er einst als problematisch empfand, liegen nun jenseits seines Bewusstseins. Er lebt nicht mehr in der Dimension des Kampfes, sondern er begreift, dass ein höherer Sinn durch ihn Entfaltung sucht. Spiritualität bedeute von nun an, diesen erweiterten Bewusstseinszustand als normal anzusehen.

Sehnsucht ist jener Impuls, der uns vorantreibt - Sehnsucht ist die Aufforderung unser Leben zu ändern, sie sagt uns, dass unser Leben woanders zu finden ist. In der Sehnsucht ist etwas enthalten, was mich spüren lässt, dass mir etwas fehlt, um ein glückliches, gelingendes Leben zu führen. Unser jetziges Leben ist doch viel zu kurz, um die Sehnsucht zu verdrängen. Sie ist die Stimme der Seele, die wir so lange nicht hören wollten, doch nun ist die Zeit reif ihr zu folgen. Sie wird uns führen, an jenen Ort, an dem sich Himmel und Erde berühren; an den Platz, den uns Gott zugewiesen hat. Wer Himmel und Erde verbinden will, muss den Mut aufbringen im Alltag mehr Himmel zu leben. Mach dich aktiv auf den Weg, zum Göttlichen in dir, lausche der Stimme deiner Seele – folge deiner Intuition und öffne dein Herz für Liebe.

Lebe das Leben nach deinem Wunsch

Spiritualität ist nicht der Glaube im stillen Kämmerchen,
sondern wir Menschen sind Götter in Aktion, denn nur
gelebte Spiritualität ist ein von geistiger Welt geführtes
Leben. Viele Menschen tragen Wünsche und Sehnsüchte
ihr Leben lang mit sich herum, ohne das sie erfüllt werden.
Viele verfügen über ein großes Maß an spirituellen Wissen
und kennen die kosmischen Gesetze, doch häufig fehlt es
an klaren Zielsetzungen – an einer geklärten
Gedankenwelt. Wir Menschen sind Bewusstseinswesen,
die hier in der Dreidimensionalität über wenig
Eigenenergie verfügen. Wir Menschen sind Wesen, die
Energien anziehen und zwar je nach Ausrichtung unseres
Bewusstseins. Wenn wir das Erdenleben als ein Rollenspiel
betrachten, können wir den Akt den wir spielen wollen, uns
selbst auswählen. Wollen wir unser Leben verändern, dann
müssen wir lediglich im Vertrauen den ersten Schritt
tätigen, um in die neue Rolle zu schlüpfen, so ziehen wir
im zweiten Schritt jene Energien an, die uns helfen die
neue Rolle erfolgreich zu spielen. Wenn wir etwas Neues
beginnen wollen und dieser Wunsch aus der Liebe unseres
Herzen entspringt, so ist es ein Wunsch entsprechend des

Seelenplanes und wir brauchen uns keine Gedanken darüber zu machen unehrlich oder nicht authentisch zu sein, im neuen Akt des Lebens. Die kosmischen Energien wirken auf unser Bewusstsein dadurch, dass wir ein Ziel fokussieren und mit Disziplin und Geduld verfolgen. Der Wunsch nach Veränderung gelingt, wenn wir innerlich bereit sind uns von alten Anhaftungen vollständig zu lösen, die uns in der Dichte festhalten. Und hier sehe ich das größte Problem, die Angst vor der Ungewissheit, was wird auf uns zu kommen, wenn wir alles loslassen. Obwohl viele Menschen an die Wirksamkeit der kosmischen Energien glauben, reicht das Vertrauen nicht aus um sich ins Nichts zu stürzen. Aus diesen Grund leben sie so weiter wie bisher, in der Hoffnung das eines Tages etwas von Außen an sie herandringt, das ihren Herzenswunsch entspricht und auf diese Weise vergeht die kostbare Erdenzeit. Die wirklich demütigen Menschen wissen, das Mut zur Veränderung eine der wichtigsten Tugenden ist, auf ihrem spirituellen Erfahrungsweg, denn er wird von geistiger Welt unterstützt. Wer sich mutig in den Strom der neuen Energie fallen lässt, wird getragen von den Wesen der geistigen Welt, denn fernab von der Dichte der einstigen Ängste, wirst du, von ihnen, mit Liebe umhüllt. Denke immer daran, deine innere Quelle – dein wahres Wesen ist Liebe, Harmonie und Erfolg. Durchdringe die Dichte und erkenne das Licht deiner Selbst. Vertraue dir und dem Leben aus tiefsten Herzen, so vertraust du Gott, der dich niemals fallen lassen wird.

Der Prozess zur Überwindung in ein neues höheres Bewusstseins fühlt sich nicht immer schön an, weil viele Anhaftungen an uns hängen wie Blei, doch bedenke, wir entwickeln uns in ein neues Zeitalter hinein, dass Veränderungen und Weiterentwicklung voraussetzt. Mit jeder Bewusstseinsstufe, die wir höher hinaufsteigen gehen wir unserem eigenen Licht entgegen und je näher wir unserem eigenen Licht kommen, desto intensiver spüren wir die Liebe, das Glücklichsein und die Harmonie, die wir in Wahrheit und Wirklichkeit selber sind.

Doch bedenke :

Wünsche die nicht von Herzen kommen und nicht unserem Vorschritt dienen, binden uns, d.h. sie verlangsamen unseren spirituellen Vorschritt. Wenn wir uns von Bindungen, Begrenzungen und Unvollkommenheit befreit haben, werden nur noch Wünsche in uns aufsteigen, die die Seele nähren und der Allgemeinheit dienen. Jene Wünsche, die dem niedrigen Selbst entspringen, bringen dir, auch bei Erfüllung, nur Frustration, weil die Wünsche aus dem Verstand kein göttliches Licht enthalten. Überprüfe bei jedem Wunsch, ob er lichtvoll ist, wenn du dieses fühlen kannst, bevor du den Wunsch sozusagen abschickt, dann ersparst du dir

nicht nur Leid, welches die Begierde mit sich bringt,
sondern du erfährst mehr Freiheit und wahre Zufriedenheit
losgelöst von der Bindung des niedrigen Selbst

Auf unserem spirituellen Weg, streben wir nach höheren
und wahren inneren Werten und wir werden erkennen,
dass die Begierde eine universelle Krankheit der
Menschen ist, die ein weites Bewusstsein verhindert.

Wünsche, die auf der Seelenebene entstehen, erkennst du
an der Sehnsucht nach innerer Wandlung und Fortschritt
und die Erfüllung dieser Wünsche bringen dir ein
überirdisches Glücksgefühl und du erfährst das spirituelle
fliegen.

Ich vertraue Gott und somit meiner Bestimmung.
Ich weiß, dass alles was geschieht gut und richtig ist.
Das ist mein Liebesbewusstsein, in dem ich mit Freude
und Fülle den Augenblick lebe. Lass ich die Liebe fließen,
wirkt das göttliche Licht durch mich. In diesem Gefühl lege
ich mein Wünsche und Sehnsüchte in Gottes Hand und
lasse die Kraft der Gottesliebe wirken, denn ich weiß, es ist
Gottes Wille, dass alles zur rechten Zeit geschieht, wofür
ich liebende Bilder in mit trage. Eine neue freudige
Sehnsucht entsteht aus der Kraft der schöpferischen
Quelle und schenkt mir die Gewissheit, das sich Gottes
Wille durch mich erfüllt.

Mit Liebe, Freude und Vertrauen im Herzen folge ich meiner Seele, dem göttlichen Fluss zur lebendigen Einheit zu Allem was ist. Wir können nichts mit unserem Verstand erzwingen. Dieses zu erkennen geschieht wie von selbst. Wir Menschen sind der Traum Gottes und alles was geschieht, geschieht durch ihn. Es ist magisch zu erleben, wie die Kraft Gottes durch dich wirkt – bleib im Vertrauen und du bleibst in der himmlischen Erfahrung, dass sich Gott durch dich manifestiert. Wenn du das ekstatische Gefühl von Verbundenheit, Liebe, Einheit und Erfüllung in dir spürst, dann bist du verbunden mit der Kraft Gottes und im Fluss seiner Liebe. Auf dieser Ebene sind deine Träume Gottes Wunsch.

Botschaften des höheren Selbst

Ihr Menschen werdet in eine Scheinwelt hineingeboren und ihr sinkt, im Laufe eurer Entwicklung, tiefer und tiefer in das Persönlichkeitsbewusstsein hinein. Ihr identifiziert euch mehr und mehr mit der Person, die ihr zu glaubt zu sein. Wenn ich euch sage, ihr seit in Wahrheit keine Person, ihr besitze auch keine Persönlichkeit. Es sind eure begrenzten Sinnesorgane, die euch eine Umwelt vermitteln, in der der ihr euch wahrnehmt. Ihr könnt euch nur im Kontext – im Zusammenhang mit der wahrgenommenen Umwelt als Persönlichkeit fühlen. Es ist euer Verstand, der diese euch gezeigt Scheinwelt als einzige Realität wahrnimmt. „ICH BIN" kann der Verstand nicht begreifen, denn er hängt immer etwas daran, wie z. B. Ich bin Name, Beruf, oder dick, dünn, alt jung, schön oder weniger schön. Dieser Rahmen in dem ihr euch selbst erlebt, wurde von der geistigen Welt nur aus einem Grund geschaffen, um Selbsterfahrungen zu sammeln. Die Zeit, in der ihr jetzt lebt ist dazu geschaffen, euch als das zu erfühlen, was ihr in Wahrheit seid. Euch wird die Möglichkeit gegeben einen verkörperten Aufstieg zu vollziehen. In vergangenen Zeit mussten die aufgestiegenen Meister sehr harte Disziplin üben um Erleuchtung zu erlangen, was nur durch ein Leben in Abgeschiedenheit gelang., heute ist es anders. Es ist euch sogar möglich innerhalb einer Gruppe Gleichgesinnter Erleuchtung zu verwirklichen. Ihr müsst es nur aus tiefsten Herzen wollen, denn das Zeitalter in dem ihr lebt, ist zur Erleuchtung bestimmt. Je mehr ihr euch am Leben erfreuen könnt, je mehr ihr lacht, je mehr wahre Freundschaften ihr schließen könnt und je mehr Selbstliebe ihr spürt, desto mehr scheint eure Seele, die reine Liebe ist, durch das was ihr Persönlichkeit nennt, hindurch. Das Ich bin dieses und jenes Gefühl rückt immer mehr in den Hintergrund und das reine „ICH BIN" wir deutlich gespürt. Zunehmend spürt ihr mehr und mehr, dass ihr reine Liebesenergie seid, die in einem polaren Spannungsfeld existiert und die Erfahrungen der Dualität durchlebt, mit dem Ziel zurückzukehren in die Harmonie des Einen.

Lasst euch nicht durch das Chaos im Außen ablenken, denn es ist von Menschen gemacht, die euren Aufstieg um jeden Preis verhindern wollen. Ihr habt nichts zu befürchten – nicht einmal den Tod – denn auch der Tod ist eine Illusion und existiert nur in der Begrenztheit eures Persönlichkeitsbewusstseins, dass ihr in Wahrheit nicht seid. Die Erleuchtung wir von eurem Verstand verkompliziert und bedeutet nicht „alles" zu wissen. Erleuchtung bedeutet Vereinfachung, Verminderung und Destillation. Menschen, die aus der Einfachheit ihres Herzens leben sind der Erleuchtung wesentlich näher, als jene, die glauben alles wissen zu müssen. Die Seele findet bei einfachen Menschen weniger Widerstand und so durchdringt sie einfacher die Barriere der Persönlichkeit.

Die Ziele eurer Persönlichkeit entsprechen meist nicht dem Ziel der Seele und so kommt es immer wieder zu Reibungen, die euch oft sehr wehtun. Überlasse der Seele die Führung und werde zu dem, der du in Wahrheit bist – reine Liebesenergie – ICH BIN – wenn ihr das spüren könnt zieht ihr jene Energien in eurer Leben – die euch Wunder bescheren.

Botschaft des höheren Selbst

Es ist der Wunsch eines jeden Menschen bedingungslos zu leben und bedingungslos zu lieben, weil euer natürliches Wesen bedingungslos ist. Jedoch die Dichte der dritten Dimension lässt keine Bedingungslosigkeit zu. Ihr fühlt euch als Ego – Wesen inmitten einer bedrohlichen Welt. Dieses Empfinden ist es, was Spaltung hervorbringt. Der Verstand des Menschen war einst als Werkzeug gedacht, doch er ist zur dominanten Instanz in eurem Leben geworden und im Verstand ist Bedingungslosigkeit nicht erfahrbar, doch dort wo die Seele sich befindet, ist Bedingungslosigkeit natürlich und selbstverständlich. Verbindet Verstand und Seele und so erspürt ihr subtil die Räume der Seele. Verlasst euch vollkommen auf eure innere Stimme, denn sie ist die göttliche Führung in euch, die euch zu Freude, Glück und Liebe lenkt. Ihr versteht so vieles unter dem Begriff Liebe, welches keine Liebe ist, deshalb hört auf euch eine Vorstellung von Liebe zu machen. Gott ist Liebe und ihr sollt euch kein Bild von Gott machen. Es ist euer Verstand, der sich Gott und somit die Liebe vorstellt. So viele Menschen wissen scheinbar was Liebe ist und wie sie sich anfühlt, aber warum sucht ihr dann noch nach ihr. Und wenn ihr schon eine Vorstellung von Liebe habt, warum lebt ihr sie nicht ? Es ist euer Verstand der Liebe zu begreifen sucht, aber er macht alles klein und fassbar. Ihr wartet auf eine Person, die euch eure Liebe schenkt und der ihr eure Liebe schenkt könnt. Doch auf diese Weise kommt der Zeitpunkt, an dem ihr all eure Liebe verschenkt habt und es erscheint euch so, dass nichts übrig ist. Was Rückzug und Frustration bedeutet, aber auch nur, weil ihr eine Vorstellung von Liebe in euren Köpfen tragt. Liebe ist nichts was ihr verschenken – oder erhalten könnte, denn die bedingungslose Liebe durchdringt alles und ihr könnte sie nicht besitzen, weil ihr selbst die Liebe seid. Ihr könnt sie nicht teilen und ihr könnt sie nicht verlieren, lediglich die Vorstellung von Liebe in eurem Verstand. Sagt eurem Verstand immer wieder, dass ihr selbst die Liebe seid, so hört er auf danach zu suchen.

Botschaft des höheren Selbst

In Wahrheit seit ihr euch alle nicht fremd, weil ihr euch schon immer kanntet. Wenn ihr nun beginnt dieses zu begreifen, wird euch ein tiefes Glücksgefühl durchfluten. Wenn ihr es schafft euch noch mehr füreinander zu öffnen und wenn ihr dem Augenblick vertraut, dann könnt ihr die Liebe miteinander teilen. Wenn ihr alle im Gebet d.h. in der Liebe zu Gott beisammen seit, geschieht etwas höchst Wunderbares, denn zu euch werden sich Wesen gesellen, die dem Geist der Liebe dienen. Wenn ihr im Stande seit, dass Geheimnis eures Atems ganz wahrzunehmen, werdet ihr die Kraft und das Wunder der Liebe erfahren, in dem ihr fühlt, dass ihr niemals voneinander getrennt ward. In diesem Einheitsgefühl wird euch gewahr, was die Essenz der Liebe wirklich ist und was sie vermag. Dieses neue Bewusstsein erzeugt in euch eine niegekannte Harmonie, die aus eurem göttlichen Selbst heraus entsteht und ihr sie auch in jedem anderen erkennt.

Es wird euch eine tiefe Dankbarkeit überkommen, in deren Klängen sich alle Disharmonien auflösen. Auf die gleiche Weise, wie das Geflecht eures Körpers miteinander in Beziehung steht, ist Gott und der Mensch nicht voneinander getrennt.

Die Persönlichkeit der Menschen lässt es nicht zu, dass ihr euch mit offenem Herzen in Liebe und Respekt begegnet, doch wenn ihr euren Verstand mit Herz und Seele verbindet, erfahrt ihr ein weites Bewusstsein und tiefe Befreiung. Die Befreiung ist der Weg der Heilung, ein bewusst gelebtes Jetzt, in dem ihr nicht mehr von den Bildern der Vergangenheit genährt werdet. Das Licht welches euch auf eurem Weg begleitet, wird Vergangenes aus eurem Gedächtnis löschen. Das was ihr jetzt tun könnt, wenn ihr dazu bereit seit, ist zu lieben – nicht die Liebe aus eurer Persönlichkeit, sondern die Liebe aus dem Licht des Wissens.

Das Licht des Wissen ist das Christusbewusstsein, welches in jedem Menschen veranlagt ist. Je weiter ihr eure Herzen öffnet, desto mehr göttliche Liebe durchfließt euer Sein. Je mehr Menschen ihr mit eurer Liebe umhüllt, je heller scheint das Christuslicht durch euch hindurch. Die Bewusstwerdung dessen, wer und was ihr in Wahrheit seit, ist ein einfach Schritt, der aufgrund der Dichte eures Verstandes schwierig erscheint. Das Sicherheitsdenken ist eurer größtes Problem. Es bedeutet, dass ihr Gott nicht vertraut. Alles was euch umgibt ist Gottes liebendes Bewusstsein. Tretet heraus aus eurem Ego, dann spürt ihr, dass ihr nicht getrennt seit von Gott. Der freie Wille wurde euch gegeben um Erfahrungen in der Dichte zu sammeln. Die Dualität wurde geschaffen um euch die Gegensätzlichkeiten spüren zu lassen. Euer freier Wille unterliegt allerdings den, göttlichen Gesetzen, damit Weiterentwicklung garantiert ist. Die göttlichen Regeln bringen Ordnung in das Chaos des freien Willens. Auf der Bühne eurer Welt entscheidet ihr selbst, durch welche Rolle ihr lernen wollt. Die göttlichen Gesetze führen euch ins Leid oder in die Liebe, je nachdem welchen Akt ihr gerade spielt. Jede Energie, die ihr anzieht, entspringt dem Geist Gottes und ist somit reine Liebe, die euch etwas lehren will. Es ist die Zeit des Übergangs, die sich jetzt vollzieht und dem Gesetz von Ursache und Wirkung kommt, in eurem Fall, eine besondere Bedeutung zu.

Wenn ihr eine Aktion setzt, breitet sich die entsprechende Energie aus und kommt, im Gegensatz, zu früheren Zeiten, recht schnell zu euch zurück.

Lebt ihr im Bewusstsein von Liebe, Fülle und Mitgefühl so erzeugt ihr ein Energiefeld, welches der Schwingung der heutigen Zeit entspricht und als Resonanz erhaltet ihr das Gefühl der Glückseligkeit. Gründet Gruppen mit einem Bewusstsein – das die göttlichen Tugenden enthält, auf diese Weise erhöht ihr nicht nur eure eigenen Schwingungen, sondern erzeugt Energiefelder, die den Schwingungen höherer Sphären entsprechen und so gestaltet ihr euch eine neue Welt, in der die Liebe regiert.

Der einzige Grund, weshalb ihr auf der Erde inkarniert seid, ist es, viele Leben zu durchlaufen bis ihr jene Liebe erfahrt, die eure Schwingungen erhöht, damit eure Seelen wieder heimkehren können, in jene göttliche Sphären aus denen sie ursprünglich stammen. Die Sehnsucht ist das Heimweh der Seele nach ihrer Seelenfamilie, welche euch auf eurem Erdenweg vorantreibt, doch bis ihr die Erkenntnis der wahren Liebe erlangt müsst ihr oft viel Leid ertragen. Für jene Menschen, die ihr Herz für die göttliche Liebe geöffnet haben, wird die Zeit der Dichte und des Leids vorbei sein, denn sie werden zum Licht gezogen, es wird geschehen, wie ein Sog .